4

D1937758

Minute der Besinnung

Minute der Besinnung

V

Worte in den Tag

ausgewählt von

Wilhelm Sandfuchs

im Echter Verlag

© 1974 Echter Verlag Würzburg
Gesamtherstellung: Fränkische Gesellschaftsdruckerei Würzburg
ISBN 3 429 00378 4

Vorwort

Zwei Gefahren sind es neben anderen, die die Zukunft des Menschen von heute bedrohen: im Sog und den Sorgen des Alltags unterzugehen und über den Nöten und Problemen der Gegenwart den lebendigen Zusammenhang mit der Geschichte und der Vergangenheit zu verlieren. Die Überwindung dieser Bedrohung kann nicht nur Angelegenheit der führenden Männer in Politik und Wirtschaft, Kultur und Theologie sein. Ihre rechtzeitige Erkenntnis und wirksame Überwindung wird nur dann den notwendigen, weil Not wendenden Erfolg haben, wenn sie Sache eines jeden geworden ist. Anregungen und Ratschläge hierzu zu geben, Hilfe und Wegweisung dafür zu vermitteln, das Gültige und Bleibende gegenüber kurzlebigen Tagesaktualitäten hervorzuheben – das möchten die folgenden Texte. Sie sind aus Büchern, Zeitungen, Zeitschriften, Reden,

Rundfunksendungen der verschiedensten Länder und Sprachen ausgewählt. Alle wurden sie in der werktäglichen Sendung »Minute der Besinnung« in den Programmen Bayern I und Bayern II des Bayerischen Rundfunks gesprochen und haben dort, wie das Echo der im Funkhaus ankommenden Telefonanrufe und der Stapel der täglichen Hörerpost anzeigt, eine gute Aufnahme in allen Schichten der Bevölkerung gefunden. Immer wieder wird in den Anrufen wie in den Zuschriften betont, wieviel Hilfe und wie manche Anstöße zur Besinnung und für die Bewältigung des Alltags von dieser Morgensendung ausgegangen sind. Aus diesem Grunde wird nunmehr zum fünften Male eine Auswahl aus den Texten der Sendung »Minute der Besinnung« in Buchform vorgelegt. Für jeden Tag des Jahres spricht ein Dichter oder Schriftsteller, Politiker oder Staatsmann, Naturwissenschaftler oder Theologe, Philosoph oder Publizist zum Leser. Wie in den vorausgehenden vier Bänden lösen auch hier Stimmen aus Vergangenheit und Gegenwart in stetem Wechsel einander ab. Neben den Frauen und Männern, die als unsere Zeitgenossen gerade jetzt auf dem Höhepunkt ihres Wirkens stehen, begegnen wir Gestalten, die von unserer so schnellebigen Zeit schon nahezu vergessen sind, deren Rat und Lebensweisheit jedoch auch uns Heutigen vieles zu sagen haben. Seite an Seite finden wir Erkenntnisse etwa des Entdeckers der Atomkraft und eines Heiligen des frühen neunzehnten Jahrhunderts, des großen Dichterfürsten von Weimar und des Vaters der Weltraumfahrt, des Priors von Taizé und eines indischen Philosophen, eines deutschen Kardinals und eines holländischen Kulturphilosophen, um nur einige aus der langen Reihe der 366 Zeugen zu nennen. Was sie alle über Tag und Stunde, über Jahre, Jahrzehnte oder gar Jahrhunderte hinaus dem Leser von heute für seinen Alltag und seine Lebensprobleme bedeuten können, sind Erfahrungen, Erkenntnisse, Ratschläge, die gültig bleiben. Wer die beigefügten Lebensdaten der Autoren verfolgt, wird feststellen, aus wie vielen und verschiedenartigen Epochen, Jahrhunderten und Kulturkreisen die hier gesammelte Lebenserfahrung stammt.

Die Geschehnisse der letzten Monate haben bei vielen Zeitgenossen das Wollen verstärkt, stärker noch als bisher nach dem bei allem Wechsel Bleibenden, Überzeitlichen, nach den eigentlichen Kräften des Lebens Ausschau zu halten. Von dem was bleibt und über den Tag hinaus gültig ist, künden die in diesem Band gesammelten Texte.

Wilhelm Sandfuchs

Das begonnene neue Jahr bedeutet nicht bloß, daß die Zeit weiterläuft wie eine Uhr. Es bedeutet auch, daß etwas auf uns zukommt, daß uns etwas bestimmt ist. Denn Zukunft ist nicht bloß leere Zukunft, sondern auch Bestimmung, Fügung, Schicksal. Das neue Jahr sieht im Kalender anders aus als in unseren Herzen. Es besteht nicht aus weißen Kalenderblättern, in denen wir unsere Termine eintragen, sondern es wartet vor unserem Herzen als unser Schicksal und unsere Zukunft. Das Herz der Zeit, der Sinn dessen, was geschieht, wird ausgedrückt mit dem Namen, den jedes Jahr trägt: Jahr des Herrn.

Hans Schomerus *1902–1969*

Der Mensch muß den Mut zur Wahrheit haben und sehen, wie die Dinge liegen. Er hat sein Dasein in einer Weise in die Hand genommen, wie das vorher nicht der Fall war. So muß er auch erkennen, was diese Hand anrichten kann, ja was sie ganz gewiß anrichten wird, wenn er sich nicht zu einer neuen Verantwortung entschließt. Er darf nicht mehr tun, was er früher immer getan hat: die Dinge gehen lassen, weil »die Natur« sorgt. Diese Natur sorgt nicht. Der Mensch muß selbst sorgen.

Romano Guardini *1885–1968*

Sein Herz ändern das heißt sein Leben ändern; zusammen diese Änderung vollziehen das bedeutet: das Leben ändern. Ich kann mein Herz nicht ändern, ohne alle meine Beziehungen zu meiner Umgebung anders zu gestalten, wo ich, so wenig augenscheinlich es auch sein mag, ein Träger der Veränderung bin. Denn es gibt kein wahres Ich ohne das Wir.

Pierre Emmanuel *geboren 1916*

Es gibt wohl nichts, was der heutigen Menschheit dringlicher ins Gedächtnis zu rufen wäre als das höchste Maß des Menschen, die Güte. Wohl wird ihre letzte Vollendung selten erreicht werden. Aber an den Nebenmenschen überhaupt zu denken, zu versuchen, in ihn sich einzufühlen, auch sein Abweichendes zu verstehen, zu dulden – dazu kann man sich erziehen, kann man sich bilden.

Richard Benz *geboren 1885*

Die Dinge, die allen Menschen gemein sind, beginnen ein ungeheueres Übergewicht über diejenigen zu bekommen, die sie trennen. Für die Jugend ist es so selbstverständlich wie das Atmen, daß alle menschliche Gesellschaft nur Abarten voneinander sind; daß von nun an die Kriege gewissermaßen Bürgerkriege sind und daß das große Abenteuer des Menschseins zu allen Zeiten und allerorten so ziemlich das gleiche ist.

Thornton Wilder *geboren 1897*

Längst bevor Dichter oder Philosophen das Rätsel zu lösen versucht haben, ob diese Welt die einzige Wirklichkeit ist, haben die Religionen den Weg aus dem Sichtbaren ins Unsichtbare gesucht. Die Welt kann nicht das Letzte und Ganze sein. Hinter allem Seienden muß ein Sein stehen, das Menschen und Dinge, Geschichte und Natur zusammenhält. Die Kolumbusfahrt der Religion ist nichts anderes als der unermüdliche Versuch, jenes Verborgene, Geheimnisvolle zu entdecken.

Paul Bolkovac *geboren 1907*

Der Mensch ist nicht nur kritische Vernunft, er kann nicht nur dadurch Veränderungen schaffen, daß er alles umstürzt, das Bisherige beseitigt und etwas völlig Neues durchsetzt. Der Mensch lebt auch aus inneren Kräften, die ihn selbst erneuern und zur Erneuerung der Menschheit helfen. Es wäre falsch, beide Verhaltensweisen gegeneinander auszuspielen; aber bloße Aktivität ist nicht das Allheilmittel gegen die Krankheiten unserer Zeit und unserer Gesellschaft.

Rudolf Schnackenburg *geboren 1914*

8. Januar

Ich weiß, daß die Arbeit der gerechteste und treueste Freund ist. Ich weiß, daß es einem hilft, in Übereinstimmung mit sich selbst zu leben. Ich weiß, daß es nur dann eine Niederlage gibt, wenn man am Tiefpunkt angelangt ist, ohne den Mut aufzubringen, es nochmals zu versuchen, es immer wieder zu versuchen.

Maurice Chevalier *1888–1972*

Es gibt einen festen Punkt, einen sicheren Besitz, den in jedem Augenblick ein jeder, auch der Geringste, sein eigen nennen mag, einen unverlierbaren Schatz, der dem denkenden und fühlenden Menschenkind sein höchstes Glück, den inneren Frieden, gewährleistet und dem daher Ewigkeitswert innewohnt. Das ist – eine reine Gesinnung und ein guter Wille. Diese beiden geben den festen Ankergrund in den Stürmen des Lebens, sie sind die erste Voraussetzung für ein wahrhaft befriedigendes Handeln und zugleich das wirksamste Schutzmittel gegen die Qualen nagender Reue. Sie bilden den untrüglichen Maßstab für den sittlichen Wert eines jeden einzelnen Menschen.

Max Planck *1858–1947*

Die Erkenntnis, daß alle Taten weiterleben, gibt auch unseren Taten einen höheren Wert. Keine von ihnen ist vergänglich. Wir handeln immer im Angesicht der Ewigkeit. Eine häßliche Tat läßt sich nie mehr verwischen. Eine edle Tat läßt sich nie mehr auslöschen. Diese Erkenntnis sollte ein großer Ansporn sein zu einem edlen Leben und zu schönen Taten.

Richard N. Coudenhove-Kalergi 1894–1973

Man sollte sich zur Richtschnur nehmen, in den Tag weder hineinzustürzen noch hineinzustolpern, indem wir es dem Wetter, den Radionachrichten, den Sportresultaten, den Posteingängen überlassen, ob unser Tag heiter oder mißmutig beginnt. Nein, ehe wir vom Strudel der Geschäfte umfangen werden, ehe die oft so schwierigen und aufreibenden Gespräche mit den viel zu vielen Menschen beginnen, sollten wir ein paar Atemzüge aus der Höhenluft des Ewigen in uns aufnehmen, indem wir uns mit Dank gegen Gott erfüllen . . . und uns zugleich in den göttlichen Schutz für den begonnenen Tag empfehlen.

Adolf Köberle *geboren 1898*

Wer nicht betet, der unterläßt nicht nur eine fromme Übung, die er bei passender Stimmung jederzeit wieder aufnehmen könnte, sondern diese Unterlassung bewirkt eine Entfremdung zwischen ihm und Gott. Gott rückt ferner. Seine Stimme wird unhörbar. Das Licht des Glaubens wird schwächer. Je länger wir diesen Zustand andauern lassen, desto schwerer wird der Neubeginn. Ähnliches gilt, wenn wir den Haß in uns groß werden lassen; er macht blind für Gott und den Nächsten.

Alfred Bengsch *geboren 1921*

Man soll sich im Leben ein Ziel stecken und dieses Ziel nicht aus dem Auge verlieren, aber man soll auch nicht versuchen, dieses Ziel auf einmal zu schnell zu erreichen, denn dann wird man es wahrscheinlich überhaupt nie erreichen.

Carl Friedrich von Siemens *1872–1941*

Wir alle müssen darauf vorbereitet sein, daß das Leben uns den Glauben an das Gute und Wahre und die Begeisterung dafür nehmen will. Aber wir brauchen sie ihm nicht preiszugeben. Daß die Ideale, wenn sie sich mit der Wirklichkeit auseinandersetzen, gewöhnlich von den Tatsachen erdrückt werden, bedeutet nicht, daß sie von vornherein vor den Tatsachen zu kapitulieren haben, sondern nur, daß unsere Ideale nicht stark genug sind. Nicht stark genug sind sie, weil sie nicht rein und stark und stetig genug in uns sind.

Albert Schweitzer *1875–1965*

Die Anerkennung jener geistigen und moralischen Werte, die das friedliche Zusammenleben der Völker gewährleisten, ist ein notwendiges Gebot. Gegensätze lassen sich nicht mehr mit Gewalt aus der Welt schaffen. Vernunft, Gerechtigkeit und Verhandlungen sind der einzig mögliche Weg, um zum Frieden zu gelangen. Der Frieden beruht in erster Linie auf geistigen Werten, vor allem auf dem menschlichen Gewissen.

Corrado Bafile *geboren 1903*

Jede Generation hat ihre besonderen Gefahren. Die unsrige hat unter anderem gegen die Neigung anzukämpfen, das Beste zu vergessen. Gewiß gibt es Ereignisse, die zu vergessen sind, und zwar je rascher, desto besser. Wer nicht fähig ist, hinter gewisse Vorkommnisse einen Punkt zu setzen, erstickt an ihnen. Doch es gibt auch Menschen und Ereignisse, die man nicht vergessen darf. Der heutige Mensch vergißt Dinge, die er unbedingt verarbeiten muß. Tut er es nicht, so wiederholen sie sich.

Walter Nigg *geboren 1903*

Leben, das heißt einen Akt des Vertrauens setzen. Das heißt Vertrauen haben in das Leben, in sich selbst und in die andern. Zu jedem Augenblick legen wir unser Leben und das der anderen in die Hände aller Arten von Menschen, von bekannten oder unbekannten. Es gibt dabei Gefahren. Aber dies nicht zu wagen, würde den Tod bedeuten. Man kann verlieren, wenn man wettet; im Spiel des Lebens jedoch verliert man sicher, wenn man nicht traut.

René Coty *1882–1962*

Im Laufe der letzten beiden Menschenalter hat sich die Erkenntnis verbreitet, daß die Zerspaltenheit der christlichen Kirche ihrem Wesen widerstreitet, ja daß sie ein Skandal ist . . . Es ist ein Werk des Heiligen Geistes, daß er in der zerspaltenen Christenheit diese Erkenntnis und das Verlangen nach Einheit . . . geweckt hat. Das ist der Sinn der ökumenischen Bewegung, in der sich die getrennten Kirchen seit mehr als einem Menschenalter zueinander und miteinander befinden. Diese ökumenische Bewegung ist ein Werk des Heiligen Geistes.

Wilhelm Stählin *geboren 1883*

Jeder einzelne ist ein einziges und einzigartiges Geschöpf. In jedem Lande gibt es gute und vorzügliche Menschen. Sie aufzuspüren, ist wichtiger als aller technische Fortschritt. Die Zukunft kann erst beginnen, wenn wir imstande sein werden, die stärkste Macht auf Erden einzusetzen: die unentdeckten menschlichen Kräfte.

Max Tau *geboren 1897*

Ich kann einem anderen, der mir das Herz ausschüttet, nur dann das verstehende Du sein, das er sucht, wenn ich selbst ein Du gefunden habe, das mich versteht und das mich aus meiner Ich-Einsamkeit befreit hat. Ich kann einen anderen nur lieben, wenn ich selbst geliebt bin. Ich kann einen anderen nur führen, wenn ich selbst geführt bin. Ich kann einem anderen nur dann ein Halt sein, wenn ich selber gehalten werde – von Gott.

Karl Heim *1874–1958*

Jeder arbeite und lebe, als sei von seiner Tätigkeit und Lebensform das Wohl des Ganzen abhängig, nicht um der Ehre oder des Gewinnes, sondern vor allem um der Freude und des Glükkes willen, um der Sittlichkeit willen, die in der verantwortungsvollen und beseelten Arbeit liegen.

Karl Scheffler *1869–1951*

Die Lehre über das Gewissen ist geradezu eine Schule der echten Toleranz. Sie vereinigt alle Menschen, sosehr sie auch durch Dogmen und Meinungen getrennt sind, in der Einheit der großen Aufgabe, ihr Gewissen zu läutern und nach seinen Weisungen zu leben. Gewissenhaftigkeit ist der Inbegriff aller Tugenden, zugleich auch die Grundlage des inneren Friedens und des wahren Glücks.

Max Pribilla *1874–1956*

Wir alle, wer wir auch seien, sind durch unser Werk und durch alle persönliche Leistung und nicht minder durch jedes Versagen und alle persönliche Schuld mit dem Geschehen und Geschick unserer Tage verknüpft, mit Werk und Schuld der Epoche, ihrer Leistungen und ihrem Versagen. Wir sind, ob wir es wollen oder nicht, ob wir es wissen oder nicht, alle irgendwie mitbeteiligt an den großen Vorgängen in der Welt. Wir sind darum auch mitverantwortlich, und wir können uns dieser Verantwortung niemals entschlagen.

Oskar Bauhofer *geboren 1897*

24. Januar

Die einzige wirkliche, wirksame Verbindung vom Menschen aus zu Gott ist – und darum wissen durchaus alle ernsthaften Religionen – das Gebet. Nur durch das Gebet zu Gott, das als Fürbitte zu unseren Brüdern in der Welt zurückkehrt, führt der Weg aus der gnadenlosen Einsamkeit des Einzelwesens Mensch in das letzte, das wirkliche, das fruchtbare Geheimnis der aus vielen Einheiten gewordenen Gemeinschaften.

Rudolf Alexander Schröder *1878–1962*

Ein Hauptgrund aller Uneinigkeit, aller Mißverständnisse unter uns Menschen ist dies, daß wir uns nicht ehrlich bemühen, auf den andern zu horchen, ihn zu verstehen, seinen Gedanken und Wünschen gerecht zu werden. So ist es schon in der Familie, so bei Auseinandersetzungen in größerem Kreis, in Parlamenten und anderswo. Man spricht heute so viel von »Dialog«. Wo die Bereitschaft, aufeinander zu hören, fehlt, kommt es höchstens zu einer Aufeinanderfolge von Monologen . . . Mit der Bereitschaft zum Horchen aber beginnt alles Leben.

Emmanuel Heufelder *geboren 1898*

Der Mensch muß eines Tages spüren und wissen, woher er stammt und wohin er will; muß spüren und wissen, daß keine Wahrheit, die von außen an ihn herangetragen wird, ihm helfen kann, wenn Gott für diese Wahrheit in sein Inneres keine Sehnsucht, keine Entsprechung gelegt hat. Die Wahrheit vom Reiche Gottes aber ist die menschlichste aller Wahrheiten.

Stefan Andres — *1906–1970*

Die Alten und die Jungen, die Eltern und die Kinder, sind aufeinander angewiesen. Sie müssen darum miteinander im Gespräch bleiben. Die Generationen brauchen einander. Niemand darf sich absolut setzen. Weder die Alten noch die Jungen, weder die Eltern noch die Kinder sind von vornherein im Recht.

Heinrich Tenhumberg *geboren 1915*

Das, woran ich glaube – ganz gleich, was es ist: ob es einen religiösen oder nur einen innerweltlichen Sinn hat –, übt einen elementaren Einfluß auf mein Leben aus. Obwohl es nicht in exakt angebbaren Realitäten gründet, hat es in meinem Leben dennoch eine höchst reale Funktion. Denn es bestimmt zuletzt, wie ich mein ganzes Leben anfasse und gestalte. Es bewirkt also geschichtliche Realität.

Helmut Thielicke *geboren 1908*

Nicht nur Studium und eigenes Nachdenken vertiefen das religiöse Wissen. Auch aus dem Hineinhören in die Glaubensüberzeugung anderer wird die eigene Überzeugung als Gegenthese oder Widerspruch klarer und bewußter. Durch solche geistige Auseinandersetzung wird der vielleicht lange unangefochtene Besitz der eigenen Glaubensüberzeugung . . . neu erworben. Aus Eigentum wird Besitz.

Alfons Maria Wachsmann *1896–1944*

Immer wieder habe ich die Erfahrung gemacht, daß das Gute Gutes hervorruft, das Böse aber Böses zeugt. Wenn daher dem Ruf des Bösen kein Echo wird, so büßt es aus Mangel an Nahrung seine Kraft ein und geht zugrunde ... Ich kann mich keines einzigen Falles erinnern, in dem dieses Gesetz versagt hätte.

Mahatma Gandhi *1869–1948*

Keiner kann sich seiner Rolle auf der politischen Bühne entziehen: entscheidet er sich nicht, so wird über ihn entschieden. Der Kreis der aktiv so oder so Entscheidenden wird durch meine Unentschiedenheit nur verkleinert, die Entscheidung selber nicht verhindert, und ich bin schließlich gezwungen, diejenige Entscheidung auch für mich gelten zu lassen, die ohne mich getroffen wurde.

Carl Muth *1867–1944*

1. Februar

Um gut handeln zu können, muß man sich klar entscheiden. Man muß die Gründe genau überlegen, die einem zum Tun in dieser oder jener Richtung bewegen vermögen. Nimm dir deshalb genügend Zeit zum rechten Überlegen. Denn Leben heißt auswählen. Leben ist eine ununterbrochene Kette von Entscheidungen.

Gaston Courtois *1897–1970*

In der Bibel ist uns gesagt: Liebe deinen Nächsten wie dich selbst. Es gilt auch von den Nationen; daß jede sich selbst liebt, ist selbstverständliche Voraussetzung. Über die Selbstliebe sollte sich dann die Liebe zu den anderen entfalten.

Ricarda Huch *1864–1947*

3. Februar

Demokratie ist das Prinzip der bis in die Sphäre des Politischen ausgedehnten Toleranz. Die ist freilich eine sehr empfindliche Pflanze. Wenn sie nicht gepflegt wird, welkt sie dahin und stirbt, und bald, sehr bald würdet ihr in dem düsteren Wald der Intoleranz leben, sonnenlos und furchterregend für alle, die in ihrem Schatten hausen müssen.

Victor de Kowa — *1904–1973*

Denk nicht nur immer an deinen Vorteil – sonst narren dich die Dinge und laufen dir davon. Oft nämlich sind gerade jene Dinge, von denen man nichts zu haben glaubt, die heimlichen Geschenkkörbe, voll von kleinen Freuden, von denen man wirklich etwas hat oder haben könnte, wenn man nicht eben ein Egoist wäre.

Josef Magnus Wehner *1891–1973*

Unser Glaube an die Güte Gottes gründet sich nicht auf eine Weltanschauung. Er hat nichts zu tun mit Optimismus oder Pessimismus ... Er weiß, wie es in der Welt zugeht. Er braucht nicht zurückzuschrecken vor den dunkelsten Tiefen und Abgründen des Schicksals. Denn er ist nichts anderes als der Glaube an Gott und der Glaube daran, daß er sich gerade da als unser Gott erweist, wo wir seiner bedürfen.

Friedrich Gogarten *1887–1967*

Selten und vielleicht niemals ruht die Welt in den Angeln des Rechts; dennoch besteht sie nur, weil ihr Gewicht sie nach dem Rechte zieht, das sie nicht erreicht; weil das Recht sich in ihr auf erschütternde und überraschende Weise immer aufs neue herstellt, zu schwach, um allordnend zu gelten, aber stark genug, um sich fortzusetzen und irdischem Getriebe die erhaltende Mitte zu bezeichnen.

Reinhold Schneider *1903–1958*

7. Februar

Den Menschen, die ihresgleichen verachten, die auf ihre Intelligenz zu stolz oder ihres Urteils zu sicher sind, wird nur ein zweifelhafter, unvollkommener Ruhm zuteil. Um die Menschen gut zu führen, muß man sie verstehen, sie trotz ihrer Unzulänglichkeit lieben, in ihrer Mitte leben wie sie. Die wahre Größe besteht aus der Summe all dieser einfachen Dinge.

Paul-Henri Spaak *1899–1972*

Es müssen sich in der menschlichen Seele, dort, wo sie noch undifferenzierter, noch nicht in Vermögen und Kräfte aufgespalten ist, magische Tiefen auftun, die nur vom Schöpfer selbst berührt werden können und die nur antworten, wenn Gott sie ruft. Dies ist unser geheimnisvoller Seelengrund, das »Seelenfünklein« der Mystiker. In ihm liegt die eigentliche Kontaktstelle zwischen Gott und Mensch . . . In jedem Menschen macht diese Gottbezogenheit das Tiefste und Eigentlichste seines Wesens aus.

Karl Adam *1876–1966*

9. Februar

Die Größe der menschlichen Handlungen mißt sich an den Eingebungen, die sie hat entstehen lassen. Glücklich derjenige, der in sich einen Gott trägt, ein Ideal der Schönheit und der ihnen gehorcht: dem Ideal der Kunst, dem Ideal der Wissenschaft, dem Ideal des Vaterlandes, dem Ideal der Tugend des Evangeliums. Dies sind die wirklich lebendigen Quellen der großen Gedanken und der großen Taten.

Louis Pasteur *1822–1895*

Die Tugend der Heiterkeit sich anzuerziehen, das wäre ein großes und verdienstliches Werk. Es wäre heute vielleicht das Werk der Nächstenliebe. Kann man das aber überhaupt fertigbringen? Nun, es kommt oft nur auf die Ansicht an, die wir von den Dingen und Begebenheiten haben oder zu der wir uns erzogen haben. Man soll nicht blind durch die Welt gehen, weder blind für das Traurige in ihr, noch weniger blind für das Erheiternde. Gibt es denn wirklich so wenig Erfreuliches im Leben? So vieles am Leben, was einen ärgert, könnte einen genau so gut erheitern.

Michael Horatczuk *geboren 1909*

11. Februar

Das Lachen ist eine ganz besondere und wunderbare Gabe Gottes für den Menschen. Nur wer Geist hat, kann sprechen und lachen. Wir sind Gott dankbar für die Gabe des Lachens, für die Freude, für den Humor. Ein Mensch, der nicht lacht, ist krank. In diesen Faschingstagen wird dem tierischen Ernst der Kampf angesagt, Freude und Humor der Weg geöffnet. Freut euch des Lebens, und vergeßt nicht, Gott zu danken für die Gabe des Lächelns und des Lachens.

Benedikt Reetz *1897–1964*

Die Stunde ist vorbei, in der das Streben nach Mehrung der Macht dem Leben der Völker seinen Inhalt geben durfte. Die Zeit, in der sich bestimmte Völker der Erde anheischig machen konnten, andere Völker zu beherrschen, geht unwiderruflich dem Ende entgegen. Die Stunde ist da, in der sich alle Nationen der Erde ihres gemeinsamen Schicksals bewußt werden, damit eine Menschheit werde, die zur Ehre Gottes ihre Kräfte gebraucht. Da ist kein Unterschied zwischen großen und kleinen Völkern. Es soll ein jedes Gott in den Menschen dienen mit den Gaben, die einem jeden geschenkt wurden.

Otto Dibelius *1880–1967*

Ich glaube nicht, daß es einen oberflächlicheren und zugleich tiefgründigeren Charakterfehler gibt als die Eitelkeit. Die ihr zugefügten Wunden sind nie schlimm, und doch wollen sie nicht heilen. Die ihr erwiesenen Dienste könnten nicht fiktiver sein, und doch hinterlassen sie eine dauerhafte Dankbarkeit. Sie ist selbst kaum ein Laster zu nennen, und dennoch kreisen alle Laster um sie.

Henri Bergson *1859–1941*

Es ist nicht möglich, die verschiedenen Lebensgebiete voneinander zu trennen. Wer über die Religion nachdenkt, muß notwendig über das gesamte Leben nachsinnen. Alles ist von Gott geschaffen und gehört also ihm. Überall gelten metaphysische Gesetze. Immer kehrt das Bild Gottes in den Dingen wieder. Der Seinsgrund, zu dem die Religion gehört, umfaßt alles Sein. Das Pflichtengebiet berührt alles Handeln.

Friedrich Muckermann *1883–1946*

Die Wissenschaft lernt alles zu beherrschen, mit Ausnahme des Menschen. Ganz gleich, wie weit ein Volk fortgeschritten sein mag, in dem Augenblick, da es sein geistliches und sittliches Leben vernachlässigt, ist es auf dem Weg zur Auflösung. Das ist die Geschichte des Menschen und unser modernes Problem.

Billy Graham *geboren 1918*

Nur wer selbst sich gerichtet, der darf auch andere richten. Hat er das erste vollbracht, wird er das zweite nicht tun.

Otto Buchinger *1878–1966*

Die Luft, in der wir leben, ist durch Mißtrauen verpestet, daß wir fast daran zugrunde gehen. Wo wir aber die Schicht des Mißtrauens durchbrachen, dort haben wir die Erfahrung eines bisher gar nicht geahnten Vertrauens machen dürfen. Gegen alle Vieldeutungen, in denen unser Handeln und Leben stehen mußte, haben wir grenzenlos vertrauen gelernt. Wir wissen nun, daß nur in solchem Vertrauen, das immer ein Wagnis bleibt, aber ein freudig bejahtes Wagnis, wirklich gelebt und gearbeitet werden kann.

Dietrich Bonhoeffer *1906–1945*

Eine glückliche Zukunft der Menschheit ist nur auf dem Wege einer bewußten Aufwärtsentwicklung zu erreichen, über der als wichtigste Forderung steht: Auf dich kommt es an! Handle so, als trügest du, du allein, die Verantwortung für den Aufstieg unseres Geschlechtes aus materiellen Sorgen, aus seelischen Nöten, aus Unkultur, Enge und Finsternis.

Bruno H. Bürgel *1875–1948*

Wünsche nicht, die vergoldete Wetterfahne auf dem großen Gebäude zu sein. So sehr sie glänzt und so hoch sie steht, sie bedeutet nichts für die Festigkeit des Baues. Wärest du doch wie ein alter Quaderstein, verborgen im Fundament, unter der Erde, wo niemand dich sieht: Deinetwegen stürzt das Haus nicht ein.

Josemaria Escrivá *geboren 1902*

Der Fortschritt des Universums und besonders des menschlichen Universums ist weder eine Konkurrenz gegen Gott noch ein sinnloser Verschleiß der Kräfte, die wir Ihm schulden. Je größer der Mensch ist, je mehr die Menschheit einig, um so schöner ist die Schöpfung, um so vollkommener die Anbetung.

Pierre Teilhard de Chardin *1881–1955*

21. Februar

Die Religion ist die Grundlage der Ethik, und die Ethik ist die Voraussetzung des Lebens. Denn wir müssen ja täglich Entscheidungen treffen, wir müssen die Werte wissen oder mindestens ahnen, nach denen wir unser Handeln ausrichten. Die Religion ist aber nicht nur die Grundlage der Ethik, sie ist vor allem die Grundlage des Vertrauens. So wie wir als Kinder die Sprache lernen und die in ihr mögliche Verständigung als wichtigsten Bestandteil des Vertrauens zu den Menschen empfinden, so entsteht aus den Bildern und Gleichnissen der Religion das Vertrauen in die Welt, in den Sinn unseres Daseins in ihr.

Werner Heisenberg *geboren 1901*

Der positive Friede ist das, was ich das Zusammenleben der Herzen und Geister nenne. Er gilt ebenso für den Frieden der Gruppen, Nationen, Religionen, Blocks, wie für den Frieden unter den Einzelwesen. Er hängt in der Tat von jedem einzelnen von uns ab. Jeder Mensch ist Meister seines Schicksals, wenn er nur will. Uns allen ist die Möglichkeit gegeben und die dringende Aufgabe gestellt, zur Verwirklichung dieses Ideals zusammenzuarbeiten.

Dominique Pire *1910–1969*

23. Februar

Im Grunde besteht das Geheimnis des Lebens darin, daß wir handeln, als besäßen wir das, was uns am schmerzlichsten fehlt ... Davon überzeugt sein, daß alles geschaffen ist für das Gute, daß es die Brüderlichkeit der Menschen gibt – und wenn das nicht wahr ist, was hat das zu sagen? Der Trost dieser Art, die Dinge anzusehen, besteht im Daranglauben, nicht darin, daß sie wirklich vorhanden sind. Denn wenn ich daran glaube, wenn du, wenn er, wenn sie daran glauben, siehe – dann wird sie sich als wahr erweisen.

Cesare Pavese *1908–1950*

Die bequemere Lösung ist fast immer falsch. Wenn man die Gesamtheit des Lebens nimmt, ist es offensichtlich. Also muß es auch in der Gesamtheit der Einzelfälle stimmen.

Josef Vital Kopp *1906–1966*

25. Februar

Wir können die wunderlichen, durch viele Ursachen bedingten Verhältnisse dieser Welt nicht auf einen Schlag ändern. Aber wir sollen jedes Predigen von Haß und jede Verlockung dazu in uns unversöhnlich bekämpfen. Versucht jemand ernsthaft, Haß, Bitterkeit, Neid und Schadenfreude im eigenen Herzen auszurotten, so wird er besser als vorher zu schätzen wissen, was es bedeutet, in der Stunde der Not einen Gott zu haben, zu dem man fliehen kann, ohne daß er erst ein Zeugnis der Güte verlangt . . .

Nathan Söderblom *1866–1931*

Der Glaube an das Gute erzeugt das Gute. Keine gute Tat geht verloren, sie bleibt und trägt Früchte, weil ein Funken Gottes darin glimmt. Wenn uns auf Erden etwas mit Zins und Zinseszins zurückgezahlt wird, so ist es unsere Nächstenliebe.

Emil Gött *1864–1908*

Jeder einzelne muß sich unablässig klarmachen, ein wie kleines Bruchstück des ganzen Menschenwesens er ist und wie nötig die ihm entgegengesetzten und ihn ergänzenden Charakterzüge der Mitmenschen sind . . . Menschliche Gesellschaft und zugleich universale Seelenbildung begründet der, der in seinem Umgang jene heilsamen Gegensätze aufsucht, statt sie zu fliehen und das Gegenbild seiner selbst zu verspotten und unduldsam zu verfolgen. Wir sind auf Erden, um als Bruchstück stets zum Ganzen zu trachten und den Umgang mit dem, was von Grund aus anders ist, anders will, anders denkt als wir, immer aufs neue bewußt aufzusuchen und es zur Rettung aus dem Brunnenloche unserer eigenen Einseitigkeit zu verwerten.

Friedrich Wilhelm Foerster *1869–1966*

Wir haben heute viele Menschen, die bereit sind, zu diskutieren. Uns fehlen aber jene, die bereit sind, Verantwortung zu übernehmen, sich zu engagieren und Hand anzulegen, nicht nur einmal, sondern Jahr um Jahr, still, zäh und treu, selbst wenn sie mißverstanden und mißdeutet werden.

Josef Stangl *geboren 1907*

Eine Tat wird nicht recht sein, wenn der Wille nicht recht ist; denn aus ihm entspringt die Tat. Der Wille wird nicht recht sein, wenn nicht die Stimmung der Seele richtig ist; denn aus ihr entspringt der Wille. Mit der Stimmung der Seele wird es nicht zum besten stehen, wenn sie nicht die Zusammenhänge des Lebens im ganzen erfaßt und alles auf seinen wahren Wert zurückgeführt hat.

Lucius Änäus Seneca *gestorben 65*

In Gottes Hand sind Gesundheit und Leben, in seiner Hand sind die Herzen der Menschen, und er kann sie jedem zuwenden, wenn er will; in seiner Hand ist der himmlische Gottesfriede, der unser Herz bis auf seinen tiefsten Grund erfüllt. Ist das nicht Grund genug, die Gnade Gottes unendlich höher als die Gnade der Menschen und der Könige zu achten?

Matthias Joseph Scheeben *1835–1888*

Die innere Revolution unserer Seele muß über unseren Wert in der Zukunft entscheiden. Sie ist zunächst Sache des Einzelnen, jedes Einzelnen. Jeder muß wissen, daß es auf ihn ankommt. Er darf nicht warten, sondern muß, was eigentlich ist, sogleich ergreifen. Er will sich nicht durch Verheißung einer Zukunft betrügen lassen um das einzig Wirkliche, um die Gegenwart. Allein durch die gegenwärtige Verwirklichung des Menschseins dient er auch der Zukunft.

Karl Jaspers *1883–1969*

Wir müssen unser wirtschaftliches Wachstum, unseren rein materiellen Fortschritt verringern. Wir müssen diese durch ein anderes Wachstum ersetzen: jenes der Kultur, des Glücks, des Wohlbefindens.

Sicco Mansholt *geboren 1908*

4. März

Die Menschen können einem das Leben schon mächtig versalzen. Um so mehr müssen wir darauf achten, daß wir es ihnen nicht gleichtun. Wir haben alle das Zeug dazu in uns. Laß uns immer gut sein, laß uns immer gütiger werden. Die Menschen, auch die bösen, hungern nach Güte, die so selten geworden ist.

Ferdinand Brinkmann *1896–1948*

Jeder prüfe sich selbst, ob er sich zu dem Guten bekennt, das in ihm wohnt und sein Herz bewegt und erfüllt, dem Guten, wofür er lebt. Er tue es nicht laut, nicht aufdringlich! Denn wie das Gute ist, so sei auch das Bekenntnis zu ihm: zurückhaltend . . . Wage es, dich zu dem Guten zu bekennen. Wage es im Vertrauen auf Gott.

Sören Kierkegaard *1813–1855*

Das Bild der Liebe wird so leicht entstellt, irgendwie pervertiert, so daß sie nie wieder als das erscheint, was sie wirklich ist: der einzige Lebensgrund, die einzige Zuflucht, die einzige Quelle der Kraft und Seelengröße. Gerade die Macht der Liebe – die stärkste Macht im Leben – bewirkt, daß die Liebe, wenn sie verfälscht oder pervertiert wird, das größte Leiden im Leben schafft.

Pearl S. Buck *1892–1973*

Wer nein sagt zu sich selbst, dem gehen die Augen auf, nicht nur für Gott, sondern auch für den Geringsten vor seiner Haustür. Es ändert sich die Sicht zur Welt. Die Welt wird Aufgabe, Prüffeld, nicht mehr Ziel. Und jeder in dieser Welt ist Weggefährte. Zu jedem hat Gott ja gesagt. Wenn ich zu dem »Geringsten« nein sage, falle ich aus der Liebe Gottes.

Erich Klausener *geboren 1917*

8. März

Gott ist der Gott der Gegenwart, weil sein Anspruch den Menschen in seinem gegenwärtigen Hier und Jetzt trifft, und er ist zugleich der Gott der Zukunft, weil er dem Menschen für das Jetzt der Entscheidung Freiheit gibt und vor ihm steht als die Zukunft, die sich in der Entscheidung dem Menschen öffnet.

Rudolf Bultmann *geboren 1884*

Einen wahren Menschen erkennt man daran, daß er gegensätzliche Meinungen ohne Ungeduld, ohne Beschimpfung erträgt. Der Stolze bläht sich auf, und seine Stimme steigt und steigt. Schließlich kommt es zu groben Worten, und er weiß nicht mehr, was er sagt. Der gut erzogene Mensch schweigt. Der Hochmütige merkt nicht, daß das Schweigen des anderen Höflichkeit und Mitleid zugleich bedeutet.

Jules Saliège *1870–1956*

Es gibt im Leben viele Lagen, die so verwickelt sind, daß man keinen Ausweg mehr sieht. Es bleibt nichts mehr übrig, als sich zu fügen. Zu warten, ohne die Waffen zu strecken. Man muß die Nerven behalten, eine Pause einlegen, vertrauen auf die gute Sache. Die Zeit geht vorüber. Da, es kommt eine neue Lage, immer wieder, wo man neu eingreifen, neu beginnen kann.

Ludwig Finckh *1876–1964*

Weil Gott es war, der den Menschen und die Dinge erschuf, so ist in ihnen mehr vorhanden, als sie zu ihrer bloßen Existenz brauchen. Wo Gott bildet, da entsteht über das bloß Notwendige hinaus ein Mehr. Die Dinge leben in diesem Mehr, sie leben nicht dort, wo sie nur das haben, was in der Wirklichkeit notwendig ist, vielmehr brauchen sie sich dort auf; in dem Mehr aber erneuern sie sich wieder, es ist das unverbrauchbare Mehr.

Max Picard *1888–1965*

Du mußt dir dein Werk wählen. Du mußt das wählen, dem du geistig gewachsen bist und dich um alles übrige nicht kümmern. Nur so können sich die notwendigen Kräfte ansammeln, die den Schritt von der Erkenntnis zur Tat vollziehen . . . Konzentration ist das Geheimnis der Stärke in Politik, Krieg, Geschäft, mit anderen Worten: in allen menschlichen Angelegenheiten.

Ralph Waldo Emerson *1803–1882*

In demselben Maße, wie wir uns der Menschenliebe öffnen, wird uns auch die göttliche Liebe wieder glaubhaft werden. Ja, um die Wahrheit zu sagen, die menschliche Liebe ist der einzige Gottesbeweis, den weite Kreise der heutigen Welt noch anzunehmen bereit sind.

Gertrud von le Fort *1876–1971*

Die Freiheit des Geistes besteht darin, daß sich das menschliche Denken frei macht von den Einschränkungen autoritärer und sozialer Vorurteile und sich im geistlosen Einerlei des Alltags seine Unabhängigkeit bewahrt. Diese innere Freiheit ist ein seltene Gabe der Natur und wohl wert, daß der Einzelne nach ihr strebt ... Nur im ständigen Streben nach der inneren und äußeren Freiheit gewinnen wir die Möglichkeit zur geistigen Entwicklung und Vollendung und damit zu einer Verbesserung unseres äußeren und inneren Lebens.

Albert Einstein *1879–1955*

Ziehet aus dem Augenblick, der in eurer Gewalt steht, Nutzen! Wenn man auch die vergangene Zeit nicht mehr zurückrufen kann, so kann man sie doch dadurch zurückerhalten, indem man den Eifer im Gutestun verdoppelt!

Klemens Maria Hofbauer *1751–1820*

Jede böse Tat vermehrt die Macht des Bösen in der Welt. Wer durch eine gute Tat von derselben Kraft die Macht des Guten um ebensoviel vermehrt, stellt das Gleichgewicht wieder her. Wer gar eine gute Tat von noch größerer Kraft, als jene böse Tat hatte, vermag, drängt die Macht des Bösen in der Welt zurück.

Hermann Bahr *1863–1934*

Die üblen Elemente beweisen stets eine große Erfindungskraft. Nur selten behaupten sie, daß eine Sache nicht getan werden könne . . . Wenn die gutgesinnten Menschen auch nur halb so viel Phantasie und Ausdauer zeigen würden wie die, die Übles im Schilde führen, wäre es nur eine Frage der Zeit, bis der Friede in der Welt verwirklicht würde.

James Keller *geboren 1900*

Entziehe dich dem vielen unnützen Geschwätz; hüte dich vor verleumderischer Rede oder davor, an derartigem Gerede Ergötzen zu finden. Bemühe dich lieber um rechtes Beten. Straffe dich in der Zucht des Geistes und des Leibes, der Spannkraft des inneren Lebens . . . Gibst du dir wenig Mühe, so erhältst du wenig, wirkst du tüchtig, so ist der Erfolg groß.

Cyrill von Jerusalem *315–386*

Was heißt im Licht der Bibel »Glauben«? Es meint nicht ein System von halbem Wissen, sondern eine Entscheidung der Existenz – das Leben auf die Zukunft hin, die Gott uns gewährt, noch über den Tod hinaus. Diese Richtung ist es, die dem Leben seine Gewichte, seine Maße, seine Ordnungen und gerade darin seine Freiheit setzt. Gewiß, ein Leben vom Glauben her gleicht eher einer Bergwanderung als träumendem Sitzen am Kamin, aber wer sich auf die Wanderschaft einläßt, um die es geht, der weiß und erfährt es immer mehr, daß das Abenteuer lohnend ist, zu dem es uns einlädt.

Joseph Ratzinger *geboren 1927*

20. März

Erziehung, die diesen Namen verdient, ist wesentlich Charakter-Erziehung. Charakter ist etwas, an dessen Ausbildung mitzuwirken die größte Aufgabe des Erziehers ist. Der Erzieher braucht kein sittliches Genie sein, um Charakter zu erziehen; aber er muß ein ganzer, lebendiger Mensch sein, der sich seinen Mitmenschen unmittelbar mitteilt.

Martin Buber *1878–1963*

Im Gespräch beginnt das gemeinsame Leben. Solange man noch miteinander spricht, kann vorhandenes Mißtrauen ausgeräumt werden, kann neues Vertrauen entstehen und altes sich stärken. Will man einander wohl, so zeigt man das einander, indem man miteinander spricht, indem man im Gespräch auch das Wort des anderen entgegenzunehmen bereit ist.

Paul Schütz *geboren 1891*

Wenn wir uns von vergangenen Dingen eine rechte Vorstellung machen wollen, so haben wir die Zeit zu bedenken, in welcher etwas geschehen, und nicht etwa die unsrige, in der wir die Sache erfahren, an jene Stelle zu setzen.

Johann Wolfgang von Goethe 1749–1832

Wissenschaft und Religion verhalten sich nicht wie Wasser und Feuer: im Gegenteil, sie sind Schwestern. Während die Wissenschaft versucht, mehr über die Schöpfung zu erfahren, dient die Religion dazu, den Schöpfer besser zu begreifen. Während der Mensch mit Hilfe der Wissenschaft trachtet, die Naturkräfte um ihn herum nutzbar zu machen, hilft ihm die Religion, die in ihm selbst schlummernden Naturkräfte unter Kontrolle zu halten.

Wernher von Braun *geboren 1912*

Wenn wir nach Frieden streben, ist es nicht ein Friede, der die Zwietracht übertüncht, sondern ein Friede, der wirklich bis in die letzten Zellen der menschlichen Gesellschaft geht und wirksam wird. Leute, die den Haß predigen, Haß zwischen den Völkern, Haß zwischen den Klassen, Haß zwischen einzelnen, sind keine Friedensbringer. Das Wort »Friede« in ihrem Mund hat eine ganz andere Bedeutung als bei uns. Leute, die die Freiheit des einzelnen und ganz besonders die Freiheit des Gewissens leugnen und aufheben, sollten das Wort »Friede« nicht in den Mund nehmen.

Konrad Graf von Preysing *1880–1950*

Echte Gottesliebe sucht nicht sich, sondern die Ehre Gottes im Heil der Seelen. Sie sucht den Mitmenschen nicht seinetwegen, sondern Gottes wegen. Denn ohne Gottesliebe bleibt jede Tugend ohne Leben. Ein Mensch könnte wohl Tugenden besitzen, aber nur dem Scheine nach, wenn er nicht die Liebe hat.

Katharina von Siena *1347–1380*

26. März

Das, woran ich glaube – ganz gleich, was es ist: ob es einen religiösen oder nur einen innerweltlichen Sinn hat –, übt einen elementaren Einfluß auf mein Leben aus. Und obwohl es nicht in exakt angebbaren Realitäten gründet, hat es in meinem Leben dennoch eine höchst reale Funktion. Denn es bestimmt zuletzt, wie ich mein ganzes Leben anfasse und gestalte. Es bewirkt also geschichtliche Realität.

Helmut Thielicke *geboren 1908*

Barmherzig sein heißt verzeihen, über das Maß hinausgehen, mehr geben, als man zu geben verpflichtet ist. Das Tier verzeiht nicht. Der Mensch jedoch übersteigt die Schranken der kalten Härte. Der Mensch verzeiht, und in diesem Augenblick zeigt sich über seinem Angesicht das Bild Gottes, der ihn der Verzeihung fähig machte.

Ernest Hello *1828–1885*

Alle Tage müssen wir das Gespräch mit Gott neu aufnehmen und neu lernen, wie wir beten sollen. An gewissen Tagen ist alles in wenigen Worten gesagt. Ein andermal zieht sich alles in die Länge, und man läuft Gefahr, nach inhaltslosen Klischees zu suchen. Es gilt, das ganze Leben lang bereit zu sein, jeden Tag von neuem beten zu lernen.

Roger Schutz *geboren 1915*

Religion ist die Kraft, die die innere Erneuerung hervorbringt. Die verschiedenen Religionen sind die Fenster, durch die Gottes Licht in die Seele des Menschen scheint. Es kann Unterschiede geben in den Strahlen, die sie durchlassen, oder in der Intensität des Glanzes. Aber diese Unterschiede rechtfertigen nicht Zwietracht und Rivalität. Wir müssen unterscheiden zwischen dem ewigen Licht und seinem zeitlichen Abglanz. Die Angehörigen verschiedener Religionen sind Gefährten im gleichen geistigen Suchen, mit verschiedenen Zugängen zu dem Ziel des geistlichen Lebens, der Schau Gottes.

Sarvepelli Radhakrishnan *geboren 1888*

30. März

Man stellt an uns die Forderung, Menschen unserer Zeit zu sein. Ich sage: Wir müssen schon die Menschen von morgen sein; denn das Heute wird seinen Sinn nur im Morgen haben, das es schon in sich trägt.

Emmanuel Suhard *1874–1949*

Mut und Feigheit sind unvereinbare Gegensätze. Mut ist immer Entschlossenheit, trotz aller Hindernisse und beängstigender Situationen vorwärts zu gehen. Feigheit ist die unterwürfige Ergebung in die Umstände. Mut führt zu schöpferischer Selbstbehauptung, Feigheit erzeugt zersetzende Selbstverleugnung. Der Mut tritt der Furcht entgegen und bezwingt sie. Die Feigheit unterdrückt die Furcht und wird doch von ihr beherrscht. Mutige Menschen verlieren auch in einer freudlosen Lage nicht die Lebensfreude . . .

Martin Luther King jr. *1929–1968*

1. April

Tue deine Arbeit, aber nicht wie eine seelenlose Maschine oder wie einer, der bemitleidet oder bewundert werden will, sondern wolle nur das eine: dich betätigen und stillhalten, wie es die Rücksicht auf die menschliche Gemeinschaft verlangt.

Marc Aurel *121–180*

Das Gebet führt uns letztlich dazu, radikale Forderungen an uns zu stellen. Die eigene Persönlichkeit, verstanden als eine verschiedenartige Zusammenstellung von Haltungen und Werten, muß offengelegt und wieder zusammengestellt werden nach dem Willen Jesu Christi. Die eigene Haltung zu Ruhm, Stellung, Macht, Wohlstand, Familienbande, Ehe muß radikal im erhellenden Licht der Heiligen Schrift überprüft werden. Denn niemand, der dem Licht des Wortes in der Bibel begegnet, kann darauf anders antworten als durch das Gebet.

Joseph L. Bernardin *geboren 1928*

Selbsterkenntnis bedeutet: sich nichts vormachen, sich nicht belügen und beschmeicheln, die eigenen Fehler offenen Auges sehen und unerbittlich mit Namen nennen, um sie zu bekämpfen, sie auszurotten wie Unkraut, damit der Weizen der guten Anlagen Raum finde, zu wachsen und zu gedeihen.

Johannes Haller *1865–1947*

Wenn im Frühjahr das welke Grau der Wiesen dem Grün Platz macht, so geschieht dies dadurch, daß Millionen von Trieben aus den Wurzeln neu sprossen. Also kann auch Gedankenerneuerung, die für unsere Zeit kommen muß, auf keine andere Weise zustande kommen, als daß die vielen ihre Gesinnungen und Ideale aus dem Nachdenken über den Sinn des Lebens und den Sinn der Welt neu gestalten.

Albert Schweitzer *1875–1965*

5. April

Unruhe ist immer sinnlos. Sie bringt keinerlei Nutzen. Wenn auch . . . alle Dinge der Reihe nach verkehrt und zuwider laufen, so ist es doch sinnlos, sich aufzuregen, da dies mehr schadet als hilft. Alles mit ruhigem und friedlichem Gleichmut hinzunehmen, fördert nicht nur den inneren Gewinn, sondern läßt den Menschen auch in Schwierigkeiten richtiger urteilen und entsprechend handeln.

Juan de la Cruz 1542–1591

Ein der Anbetung unfähiges Wesen hat immer etwas Kümmerliches an sich. Man kann sich nur schwer ein großes Genie, einen großen Schöpfer auf dem Gebiet der Musik, der Malerei oder der Dichtkunst vorstellen, das nicht zutiefst vom Sinn für das Geheimnisvolle, für das Heilige beseelt gewesen wäre. Dieser Sinn ist eine unentbehrliche Dimension des Menschen. Ein Mensch ohne Verständnis für das Göttliche ist ein Mensch, dem irgend etwas fehlt. Jeder echte und umfassende Humanismus muß Gott den gebührenden Platz einräumen.

Jean Daniélou *1905–1974*

7. April

Wahre Autorität ist das dienstbereite Bemühen, einen Menschen wertvoller zu machen, und die freundliche Hilfe, ihn zu sich selbst zu bringen, damit er sein eigentliches Bild verwirklicht. Solche Lebenshilfen leistet nur verstehende Liebe, die den Mitmenschen im Leben so sieht, wie er sein soll, und ihn trotzdem annimmt, wie er ist.

Hermann Gilhaus *geboren 1933*

Wenn es irgendeine Leidenschaft gibt, welche die Menschen zu beherrschen strebt und alle Kräfte in ihrem Dienst anzuspornen imstande ist, dann ist es die Habsucht und, damit sehr leicht verbunden, die Herrschsucht. Gelten, herrschen und dominieren wollen um jeden Preis und mit allen Mitteln ist eines der verbreitetsten sozialen Laster, welches ein ganzes Gefolge von Leidenschaften hinter sich herzieht.

Adolf Kolping *1813–1865*

Die Geschichte kann, auch und gerade wenn wir sie gründlich bedenken, nur sehr bedingt Lehrmeisterin für die Gegenwart sein. Es könnte sein, daß der, der auf die Vergangenheit starrt, an den Problemen von gestern hängenbleibt und die drängenden Forderungen des Heute übersieht. Bewältigung der Vergangenheit erfordert Öffnung für die Gegenwart mit ihren neuen Forderungen.

Wilhelm Hahn *geboren 1909*

Über Abwesende zu urteilen, ist meistens gefahrlos. Man versetzt einem Mitmenschen Schläge, ohne daß er sich verteidigen kann. Vielleicht redet man geistreich, wahrscheinlich aber unter dem Einfluß einer unschönen Absicht, dem Zuhörer zu schmeicheln. Im mosaischen Gesetz steht eine feinfühlige Mahnung: Sprich nicht schlecht über einen Tauben. Es ist sinnvoll, dies auch auf Abwesende zu beziehen.

Alessandro Manzoni *1785–1873*

Sein heißt handeln. Ein Sein, das nicht in Erscheinung tritt, ist nicht wirklich. Denn die Bestimmung eines jeden Seins, ohne Ausnahme, ist es, in die Erscheinung zu treten, sich einen Wirkungskreis zu suchen und zu handeln.

Dominique Lacordaire *1802–1861*

Wer Gott begegnet, begegnet dem Wunder. Denn Gott ist der Wunderbare und Wundervolle. Darum beginnt die Religion mit der Verwunderung und mündet in die Bewunderung. Es ist darum nicht erstaunlich, sondern eigentlich selbstverständlich, daß bei der Menschwerdung Gottes dieses wunderbare Geschehen sich im Wunder kundtut.

Richard Gutzwiller *1896–1958*

13. April

Reich ist man nicht durch das, was man besitzt, sondern mehr noch durch das, was man mit Würde zu entbehren weiß. Es könnte sein, daß die Menschheit reicher wird, indem sie ärmer wird, und gewinnt, indem sie verliert.

Immanuel Kant *1724–1804*

Selbständige Menschen erkennt man daran, daß sie ihr Denken und Handeln nicht einfach von der Umwelt oder äußeren Umständen bestimmen lassen, sondern sich ihr eigenes Urteil bilden wollen. So pflegen sie nicht nur in der Welt, sondern auch in ihrem eigenen Innern nach dem Rechten zu sehen. Wer sich so um Selbsterkenntnis bemüht, wird immer wieder diesem geheimnisvollen Impuls auf die Spur kommen, der von innen her die äußere Tat zu lenken versucht: dem Gewissen.

Franz Hengsbach *geboren 1910*

Wie verschieden auch die äußeren Lebensbedingungen in zwei verschiedenen historischen Epochen sein mögen, so bleibt doch der Mensch grundsätzlich immer derselbe. Der Stand der Technik, der Medizin und der Organisation des gesellschaftlichen Lebens ist heute ein ganz anderer als im Mittelalter, aber die Quellen wahren Glücks auf Erden bleiben dieselben: Liebe, Wahrheit, Ehe, Familie, die Schönheit in Natur und Kunst, schöpferische Tätigkeit. Obwohl die Umwandlungen in der Geschichte viele neue Probleme stellen . . ., der Mensch ändert sich nicht in seinem Wesen.

Dietrich von Hildebrand *geboren 1889*

Die allermeisten Menschen sind unfähig geworden, auf den anderen zu hören. Man spricht von Dialog, aber es führt jeder einen Monolog für sich. Jedes Gespräch unter Mitmenschen setzt voraus, daß man aufeinander hören kann und versucht, einander zu verstehen. Das verlangt aber wieder, daß man solange schweigen kann, bis man einander gehört und versucht hat, einander zu verstehen.

Alois Schrott *geboren 1903*

Wenn sich ein Weg vor uns auftut, muß man ihn betreten. Wenn uns ein Buch geschenkt wird, muß man es lesen. Wenn ein Freund zu uns spricht, muß man ihn anhören. Gott begegnet uns ständig wie eine Straße, wie ein Buch, wie ein Freund. Die Straße, die zu ihm führt, ist die Natur, das Buch, das von ihm spricht, ist die Bibel, der Freund, der uns in der Intimität von Herz zu Herz spricht, das ist Gott selbst.

Jacques Loew *geboren 1908*

Sittlichkeit ist kein starres und strenges System. Sie ist vielmehr ein Standpunkt, von dem aus wir alle Fragen, die im Leben auftauchen, beurteilen können und sollen. Diese Aufgabe findet niemals ein Ende; sie ist uns stets gegenwärtig; sie bestimmt unser Urteil und beflügelt unser Verhalten.

Albert Einstein *1890–1955*

Wie ein Hauch ist die Seele und von Gott gesandt. Mit ihren guten Werken sich entfaltend, reift sie im Menschen. Von jeder guten Tat wird des Menschen Seele wie mit einem fürstlichen Mantel umhüllt, durch alle bösen Werke aber wird sie getrübt und verdunkelt und verfinstert.

Hildegard von Bingen *1098–1179*

Die Vergottung des Menschen hat ihn von Gott selber losgerissen; er machte sich zum Götzen, er fühlte sich frei und wurde in dieser Freiheit Sklave und Sklavenhalter ... Dem deutschen Volk das Christentum stehlen zu wollen, heißt nicht nur, es ärmer, arm zu machen, sondern die Elemente des Geschichtsaufbaus zu zerstören.

Theodor Heuss *1884–1963*

Nicht die Ereignisse, Schicksale im Leben haben in erster Linie einen Sinn, sondern du hast einen Sinn, und weil du einen Sinn hast, haben auch sie einen Sinn, sind alle Schicksale des Lebens für dich eine Aufgabe. Je größer deine Liebe zu Gott ist, desto größer ist der Sinn deines Lebens, desto mehr wächst der Wille Gottes in dir.

Georg Feuerer *1900–1940*

Wer obrigkeitliche Gewalt hat, anderen zu befehlen, hat selbst die Pflicht, gerade im Befehlen sich nach Gottes Willen zu richten. Nur als Gottes Dienerin, also im Einklang, in Unterordnung unter den Willen Gottes, hat menschliche Obrigkeit Befehlsgewalt . . . Ein Gehorsam, der in das innerste Heiligtum der menschlichen Freiheit, in das Gewissen, eingreift, ist roheste Sklaverei.

Clemens August Graf von Galen 1878–1946

23. April

Der Friede ist ein ständiges und mühevolles Praktikum, das auf allen Ebenen menschlichen Zusammenlebens eingeübt und verbessert werden muß. Ehe die Waffen schweigen, müssen zuerst die Herzen ein neues Denken gelernt haben. Solange nämlich die Menschen einander nicht mit neuen Augen sehen, wird der Friede trotz der Proklamation und Beschwörung der Menschenrechte und Grundfreiheiten eine Utopie bleiben und sich wie eine Fata Morgana in nichts auflösen.

Alfred Läpple *geboren 1915*

Das Wesen der Persönlichkeit besteht in der individuellen Gottähnlichkeit eines jeden Menschen. Wären die Menschen nicht zum Bilde Gottes geschaffen oder wäre ihnen allen das gleiche Gottesbild in gleicher Weise eingehaucht, dann wären sie wohl Individuen, wie es Pflanzen und Tiere auch sind, aber keine Persönlichkeiten. Das unbedingte Recht auf Freiheit wurzelt in der heiligen Pflicht eines jeden Menschen, das gerade ihm eingebildete Antlitz Gottes zu Nutz und Frommen seiner Mitmenschen in seinem Leben zur Darstellung zu bringen.

Fedor Stepun *1884–1965*

25. April

Jeder Mensch hat einen Arzt in sich und kann ihn rufen. Es ist ein Gesetz in uns, sich immer neu zu bauen, in den Zellen des Gehirns, des Herzens, der Lungen, Nieren, in Haar und Haut. Man kann sehr viel an sich selbst tun, wenn man will. Man kann sich selbst stärken, beherrschen, wenn man nicht gleich erschrickt, sich schwächt und aufgibt, sondern standhält. So hilft man sich selber als der beste Arzt. Zellen werden durchblutet, verjüngt, wenn der Wille will.

Ludwig Finckh *1876–1964*

Der Tag bricht an. Aber er wird dir nicht geschenkt. Du mußt dein Herz licht machen und deine Augen klar. Du mußt mit dem herzlichen Wohlwollen deines Denkens, deines Wortes und vor allem deiner Tat Licht und Wärme um dich verbreiten. Du bist es, der den helllichten Tag des lieben Gottes heraufführen muß in deiner Familie und in deinem Betrieb.

Heinrich Suso Braun *geboren 1904*

Lebenskraft ist ansteckend, und alles, was uns zu intensiverem Denken oder Fühlen veranlaßt, mehrt unsere Vitalität und erweitert das Feld unserer Tätigkeit. Wir sind Schuldner eines jeden großen Herzens, eines jeden schönen Geistes, all derer, die einmal um der Gerechtigkeit willen Gut und Blut aufs Spiel setzten, all derer, die neue Wissenszweige entdeckt haben, all derer, die durch ihr Streben nach Anmut das Leben verschönt haben.

Ralph Waldo Emerson *1803–1882*

Das Geld ist nicht die einzige Währung, die schwankt. Die Wörter, diese Währung unserer Sprache, können ebenso an Wert verlieren. Ein Wort, das kaum an der Börse notiert wird, weil man es kaum mehr zu verwenden wagt, ist das Wort »Gehorsam«. Dennoch, Gehorsam bedeutet keineswegs Unterwürfigkeit. Gehorsam zerstört auch keineswegs die wahre Freiheit.

Pierre Puech *geboren 1906*

Durch opferbereite Liebe kann auch der Geringste sich zum Ganzen erheben, denn der Liebende findet den rechten Weg. Und die menschliche Liebe ist nur eine Vorstufe der unendlichen Liebe, die über ihren Gegenstand hinausleuchtet und sich mit dem ewigen Licht vereinigt.

Zenta Maurina *geboren 1897*

Nur eine Menschheit, die in falscher Lage ist, hat die schöpferische Unruhe des Wirkens am Werke der Zivilisation. Aber dieses Werk müßte sich selbst zerstören ohne den Einschlag des Glaubens an ewigen Sinn und ewigen Halt der Welt in Gott. Das ist die zeitliche Sendung der Frommen, diesen Einschlag zu leisten ins große Gewebe – wahrlich nicht durch laute Worte, aber durch die schwere innere Tat des Entwerdens von der bloßen, blinden Natur, des Umwerdens zu einem neuen Sein in der Kraft der Übernatur. Das ist der Weg, den die Kirche uns führt, wenn wir uns führen lassen.

Josef Bernhart *1881–1969*

In dieser Welt, die sich so schnell verändert und die Tag für Tag unter unseren Augen ihre oft beängstigenden Neuerungen vollzieht, in dieser Welt nicht mit voranschreiten, das heißt sterben. Es nützt nichts, über vergangene Dinge, die ihre Größe und ihren Reiz hatten, zu weinen. Die Zukunft ist da. Sie erwartet uns mit ihren Bedrohungen und ihren Verheißungen. Wir haben keine andere Wahl, mit Wagemut in sie einzutreten und sie, wenn es notwendig ist, umzuformen und sie so ähnlich wie nur möglich unseren Hoffnungen und unseren Träumen zu gestalten.

Jean d'Ormesson *geboren 1925*

Der Mensch besteht in der Wahrheit. Gibt er die Wahrheit preis, so gibt er sich selbst preis. Wer die Wahrheit verrät, verrät sich selbst. Es ist hier nicht die Rede vom Lügen – sondern vom Handeln gegen Überzeugung.

Novalis *1772–1801*

Man kann, heute mehr denn je, sagen, daß das Regieren ein großer Akt der Selbstverleugnung und ein erhabenes Opfer ist. Zum Regieren reicht es jetzt nicht mehr, daß man stark und gerecht ist. Um wahrhaft stark und gerecht zu sein, muß man auch voll Liebe sein, und die Liebe ist die Tugend der Heiligen. Heute können nur noch die Heiligen die Nationen retten.

Donoso Cortes *1809–1853*

Erfahrung ist der einzige wahre Reichtum, weil man ihn nicht verlieren, nur verschenken kann, weil man ihn auch behält, wenn man ihn verschenkt, weil man, indem man ihn verschenkt, reicher wird, weil der eigene Gewinn gering ist neben dem Geschenk.

Hans Habe *geboren 1911*

Genügsamkeit ist eine Tugend. Aber wehe der Genügsamkeit, in der ein Mensch an sich selbst kleine Anforderungen stellt und die Faulheit und Begehrlichkeit des eigenen Ich gern übersieht. Es ist traurig, wie viele sich im sittlichen Leben wie in der Arbeit zufriedengeben, ohne auch nur das Maß des Gewöhnlichen erreicht zu haben. Was den Menschen adelt und erhebt, ist der Trieb, über das Gewöhnliche hinauszugelangen, der Trieb, sich anzustrengen – für ein würdiges Ziel.

Nathan Söderblom — *1866–1931*

Der wahre Friede kann nur von Gott kommen ... Der wahre Friede ist ein Friede der Herzen; denn Friede ist vor allem ein inneres Gut, ein geistiger Zustand, und seine Grundvoraussetzung ist die liebevolle, kindliche Abhängigkeit vom Willen Gottes. Alles, was diese Übereinstimmung und Vereinigung des Willens schwächt, zerbricht und zerstört den Frieden und hält ihn auf.

Johannes XXIII. *1881–1963*

Große Erprobungen durch Entstellung und Verleumdung all unserer Beweggründe, Absichten und Unternehmungen sind uns zur Selbsterkenntnis gegeben. Unsere Feinde sind hellsichtiger als unsere Gesinnungsgenossen. Wer das nicht auswertet, der weiß nicht, wozu uns Lebenserfahrungen gegeben werden. Alles ist Fügung, und sein eigenes Schicksal gründlich auszufragen, ist wichtiger als alle anderen Fragestellungen im Leben.

Friedrich Wilhelm Foerster *1869–1966*

Unsere ganze Religion ist nur eine falsche Religion, und alle unsere Tugenden sind nur Hirngespinste, ja, wir sind nur Heuchler vor den Augen Gottes, wenn wir nicht diese universelle Liebe für die ganze Welt besitzen: für die Guten wie für die Schlechten, für die Armen wie für die Reichen, für jene, die uns Schlechtes tun, wie für diejenigen, die uns Wohltaten erweisen. Wer die rechte Liebe hat, der sieht die Fehler bei seinen Mitmenschen nicht.

Jean-Marie Vianney *1786–1859*

So schön ist die Welt – wenn die Menschen es nur sehen wollten. So schön kann sie für jeden sein, wenn er Liebe genug hat, um im Bruder, im Nächsten alles zum Blühen zu bringen. Ohne Zuspruch gedeiht nichts. Das gute Wort aber, das vom Herzen kommt, bringt das Beste im Menschen zum Wachsen. Darum versuche, überall das Beste zu sehen; nichts kann dir mehr helfen.

Max Tau *geboren 1897*

10. Mai

Mitten in den Dingen muß der Mensch Gott ergreifen und sein Herz gewöhnen, ihn allzeit als einen gegenwärtigen zu besitzen im Gemüt, in der Gesinnung und im Willen. Du sollst unter der Arbeit das gleiche Gemüt haben und eine gleiche Treue und gegen deinen Gott den gleichen Ernst hegen. Hieltest du in solcher Weise dich gleich, so unterdrücke niemand dei-
es Gottes stete Gegenwart.

Meister Eckehart *1260–1328*

Im Bann der Geschichte stehen wir alle und für alle Zeit. Bann heißt Gebot, es heißt Zwang und Fessel, aber es heißt auch Zauber. Das Wissen um die Vergangenheit hält unser kleines Leben umklammert und gefangen, aber zugleich ist es ihm Schutz und Rückhalt. Im Bann der Geschichte wirken und schaffen wir.

Johann Huizinga *1872–1945*

Wer sich über jede Sache mehr als notwendig Skrupel macht, der zeigt, daß er wenig Vertrauen auf die Güte Gottes hat. Denn diese verlangt von uns nichts anderes als eben das, was wir vermögen.

Girolamo Savonarola *1452–1498*

Die Zukunft der Menschheit wird nicht allein vom technischen Fortschritt und politischer Machtentfaltung bestimmt werden, sondern vor allem davon, wie es uns gelingt, die heranwachsende Generation zur Menschenwürde zu erziehen.

Hermann Gmeiner *geboren 1919*

Gott gehorchen bedeutet keineswegs seiner Freiheit entsagen, im Gegenteil, im Gehorsam zu Gott findet sie ihre höchste Erfüllung; denn sie bewegt sich ihrem absoluten Ziele zu. Gott dienen ist herrschen, ist die Verwirklichung der Freiheit in ihrer ganzen Vollendung.

Jean Daniélou *1905–1974*

15. Mai

Von ihrem schlechten Gewissen wissen die Menschen gewöhnlich selber nichts; es ist wie eine Unruhe auf dem tiefsten Grunde des Meeres. Was man sieht, sind die Wellen an der Oberfläche, denen nicht mehr angesehen werden kann, wodurch sie zum Schäumen gebracht wurden.

Arthur Schnitzler 1862–1931

Das Leben der Menschen, auch das Leben der Völker, ist keine breite, bequeme Straße zu immer mehr Genuß, zu immer mehr Besitz, zu immer mehr Macht. Es ist ein Stolpern, Straucheln und Wiederaufrichten ... Wir müssen das Böse auch in uns bekämpfen, auch in jenen Formen, in denen es in uns haust: in der Nachlässigkeit, im Schlendrian, in der Verantwortungslosigkeit, in der Hartherzigkeit, in der Besitzgier, im Machthunger. Nicht das Straucheln ist entscheidend, sondern das Wiederaufrichten, nicht die Resignation, sondern die Hoffnung.

Franz König *geboren 1905*

Um bestehen zu können, muß der moderne Mensch sich sein geistiges Erbe wieder aneignen. Dies um so dringlicher, als die Gesellschaft ihn auf einen bloßen Produzenten und Konsumenten reduziert und ihn zum Ausgleich für dieses Sklaventum zur Flucht in alle Freizügigkeiten ermuntert; sie zeigt ihm aber nicht oder vielmehr sie verschweigt ihm die Entartungen, die dadurch vorbereitet wurden. Diese Entdeckung des Humanum, diese Besitzergreifung dessen, was seiner Natur wesensmäßig eignet, ist auch für den Menschen die einzige Art, zu einem Glauben zu gelangen, der ihm . . . bessere Voraussetzungen für sein Selbstverständnis und seine Selbstverwirklichung schafft.

Marcel Légault *geboren 1900*

Der Pessimismus trügt, weil er die Allmacht Gottes außer acht läßt. Der Pessimismus lügt, weil er die ewige Wahrheit nicht gelten läßt. Die Sprache des Pessimisten ist darum ein fürchterliches Kauderwelsch, ein trauriges Lallen, das sich den Anschein der Nüchternheit gibt und trotzdem im Katzenjammer und Weltschmerz endet.

Albert Krautheimer *1905–1966*

Wie viele von uns meinen, es fehle ihnen nur eine Reise oder eine Summe Geldes, während ihnen in Wahrheit Gott fehlt. Wie viele übersehen die stumme Verlassenheit in ihrer nächsten Nähe und lassen so die nächstliegenden Hilfsmöglichkeiten ungenutzt. Wie viele sehen nur das Elend vor der eigenen Türe, aber nicht das Elend in dem Nachbarhaus oder im Nachbarland oder in der Ferne. Wer nur für sich selber sorgt und nicht für die anderen, sorgt in der heute so zusammengerückten Welt auch nicht recht für sich selbst.

Michael Schmaus *geboren 1901*

Es ist eine heilige Stimme in uns, die sagt: Das ist gut, das ist böse. Diese Stimme ist Gottes Wort, Wille Gottes, Zeugnis Gottes, Gesetz Gottes, oder wie du's nennen magst, und wie immer es in uns gekommen sei; genug, es ist da, und es ist von Gott. Wenn wir dieser Stimme treu folgen, so werden wir gut, ruhig, froh, glücklich – das ist die Hauptsache.

Johann Michael Sailer *1751–1832*

Der Friede wird im Grunde von der Liebe diktiert, von der Liebe verursacht und von der Liebe bewahrt, hat aber dann auch wieder die Liebe zur Folge. Willst du Frieden haben, so besitze zuerst die Liebe zu Gott und den Menschen. Willst du Liebe ernten, wo augenblicklich noch der Haß waltet, so stifte Frieden, und die Liebe wird nicht ausbleiben. Und bleibt sie wirklich von seiten böswilliger Menschen aus, so lebe deinerseits wenigstens immer in Frieden, selbst mit den Feinden; und du wirst die volle Liebe Gottes in der Folge ernten.

Helmut Fahsel *geboren 1891*

Der Fortschritt im geistlichen Leben besteht nicht im vielen Denken, sondern im vielen Lieben. Wie aber kann ich diese Liebe erwerben? Ich sage dadurch, daß man sich entschließt, für Gott zu wirken und zu leiden, so oft sich eine Gelegenheit dazu ergibt.

Theresia von Avila 1515–1582

23. Mai

Jedesmal, wenn sich ein Mensch für ein Ideal einsetzt oder etwas für die Verbesserung des Loses anderer tut oder sich gegen Ungerechtigkeit auflehnt, setzt er eine winzige Welle der Hoffnungen in Bewegung, und von Millionen verschiedener Zentren der Energie und des Wagemuts aus treffen diese Wellen zusammen zu einer gewaltigen Woge, die die mächtigsten Mauern der Unterdrückung und des Widerstands zerschmettern kann.

Robert F. Kennedy *1925–1968*

Klagen wir nicht über die Zeit. Wir sind die Zeit . . . Wir prägen das geistige Gesicht der Zeit durch unsere seelische Haltung. Wir formen die Zeit durch unsere sittliche Größe oder unser sittliches Versagen.

Heinrich Feurstein *1877–1942*

Die Bibel will nicht spannend oder fesselnd sein. Sie hat eine entgegengesetzte Bestimmung. Sie will der Spiegel sein, in dem wir sehen, wie wir wirklich sind. Ein Spiegel ist unbestechlich. Er zeigt uns rücksichtslos unser wahres Gesicht. Gott hat uns in der Bibel einen Spiegel gegeben, in dem wir unseren wirklichen Zustand sehen. Vom Anfang bis zum Ende sehen wir den Menschen in seiner wirklichen Gestalt.

Karl Heim *1874–1958*

Jedes Wort ist eine Aussaat; zunächst keimt es in anderen Gehirnen, dann aber gewahren wir eines Tages sein Wachstum, sei es, daß es sich spitz und stachlig wider uns kehrt oder nutzbringend sich uns neigt. Die wenigsten Worte finden keinen Nährboden. An uns liegt es, mit klugem Blick stets das Erdreich wie den Samen zu prüfen.

Reinhard Johannes Sorge *1892–1916*

Die Weltnot unserer Tage ist tatsächlich Ausdruck einer weltumfassenden Kollektivschuld, Kollektivschuld aber nicht mißzuverstehen als Schuld eines umschriebenen Kollektivs und damit als Entschuldigung für die anderen. Ist doch keiner von uns ein Wesen für sich auf einsamem Stern, sondern Mensch für Mensch ist durch sein Sosein gewichtige, formgebende Potenz und ein Stück Umwelt für seinen Nächsten. Deine seelische Ungeordnetheit und dein Ungenügen wirken auf deinen Nächsten zurück und beeinflussen diesen. Das heißt aber mit anderen Worten: Auch ich bin mitverantwortlich und Mitschuldiger an der großen Weltnot unserer Tage.

Hans March *geboren 1895*

Die Welt kann nur neu gestaltet werden, wenn auch die Menschen neue Wege einschlagen und dadurch selbst ganz anders werden. Von allgemeiner Brüderlichkeit wird man erst dann reden können, wenn wirklich jeder Bruder des anderen geworden sein wird. Aber jetzt strebt jeder nur danach, sich zu isolieren und allein das ganze Leben genießend auszuschöpfen.

Fjodor Michailowitsch Dostojewski

1821–1881

Wenn sich die Welt in einer Krise befindet, wie kann man sich da erstaunen, daß auch der religiöse Glaube dieser Welt ebenfalls eine Periode der Krise durchquert? Es handelt sich jedoch um eine Wachstumskrise. Die Glaubenden sind heute auf die Probe gestellt: die Wissenschaft und die Technik, die Weltweite der Probleme, die Erneuerung aller Strukturen – all dies sind Aufforderungen, welche die Welt an die Glaubenden stellt, damit sie ihren Glauben klären und ihn seine Früchte tragen lassen.

Maurice Feltin *geboren 1883*

Höher als alles Wissen steht das Gewissen. Höher noch als das Wissen gilt die Weisheit. Je älter der Mensch wird, je mehr er die Welt erforscht und das Leben erkannt hat, desto stärker wird ihm die Überzeugung, das Wissen sei doch im letzten Grunde nicht alles, nicht das Ausschlaggebende und das Entscheidende, sondern der innere Mensch, die Gesinnung und der Charakter, das Werk und die Tat. Nicht, was ich weiß, ist das Wichtigste, sondern was ich im Innern vor meinem Gott und meinem Gewissen bin und gelte, darauf kommt es an.

Adolf Donders *1877–1944*

Es wird unsere Aufgabe sein, daß wir dazu helfen, daß der Mensch Mensch bleibe. Wir sind darum empfindlich gegen alles, was den Menschen wieder entwürdigen könnte zu einer Masse Mensch ... Der Entwicklung zum bloßen Massenmenschen zu widerstehen, dazu gehört entscheidend, daß der Mensch seine Seele bewahrt. Sie ist das Organ, mit dem der Mensch auf die Stimme Gottes hört. Sie ist das Organ, das den Menschen fähig macht zur Liebe, die auch solchen gilt, die ihm von Natur fernstehen mögen. Sie ist das, was ihn fähig macht zur Ehrfurcht. Der Mensch mag mit seinen technischen Fortschritten so weit kommen, wie er will – es wird niemals um etwas anderes gehen als um seine Seele.

Otto Dibelius *1880–1967*

Jede Wunde, die uns das Leben schlägt, wird uns durch Mitgefühl anderer entgolten. Aus Schmerz erwachsen die Gefühle der Geduld und jener Zufriedenheit, die dann am Abend des Tages in uns einzieht. Dem Reichtum unseres menschlichen Erlebens würde etwas vom Lohn der Freude verlorengehen, wenn wir keine Hindernisse zu überwinden hätten. Ohne das dunkle Tal und ohne den Aufstieg wäre die Gipfelrast nicht halb so herrlich.

Helen Keller *1880–1968*

2. Juni

Es ist unsere Überzeugung, daß die Menschen nur wenig oder nichts zustande bringen, wenn sie fortfahren, ihre Weltgebäude aufzurichten, und dabei fern von Gott bleiben. Er allein nur kann das Haus bauen, das die Menschen sich wünschen. Wenn er nicht baut, arbeiten die Menschen vergebens. Das Haus wäre dann auf Sand gegründet und dazu verurteilt, in kurzer Zeit zusammenzustürzen und dem völligen Untergang zu verfallen. Es ist an der Zeit, daß die Menschen dies bedenken.

Pius XII. *1876–1958*

Wenn wir Menschen nur nebeneinander wie Maschinen unsere Pflicht tun würden – rein mechanisch uns nur ergänzen wollten –, dann würden wir nicht nur kümmerliche Resultate erzielen, dann würde das Leben selbst auch unerträglich werden. Wir brauchen nicht nur zum Erfolg unserer Arbeit, sondern vor allem auch zu unserer inneren Befriedigung den Impuls, der von Mensch zu Mensch ausgeht, und wir sollen daher alles tun, was die menschlichen Fäden spinnt und aufrechterhält zwischen denen, die auch beruflich aufeinander angewiesen sind.

Carl Friedrich von Siemens *1872–1941*

Die Intimsphäre des Menschen ist heute vielfältig bedroht. Nicht nur körperlich, auch seelisch, geistig und bis in das Gefühls- und Empfindungsleben hinein werden Menschen heute taxiert, analysiert, manipuliert. Alles, was dem Schutz des bedrohten persönlichen Lebens und Erlebens des Menschen dient, sollten wir pflegen, auch das leibliche und seelische Schamgefühl – jenseits von Prüderie und Schamlosigkeit.

Heinrich Tenhumberg *geboren 1915*

Es geht nicht darum, wie viele Dinge wir glauben, sondern es geht darum, wieviel Mut wir haben, über uns zu verfügen und uns Gott anzuvertrauen. Dieser Glaube soll in uns gemehrt werden; darum beten wir . . . Und das gehört zu unserem Glauben an Gott: die Überzeugung, daß wir bei ihm besser aufgehoben sind als bei uns selbst.

Hermann Volk *geboren 1903*

Duldsamkeit ist die Religion der Zukunft. Duldsamkeit beruht auf der völligen Gleichachtung des Nächsten. Ohne Duldsamkeit keine Freiheit. Es gibt wohl eine religiöse Wahrheit, aber diese ist nicht so geartet, daß sie vielgestaltige religiöse Wahrheiten ausschlösse.

Gerhart Hauptmann *1862–1946*

In Wirklichkeit führen uns die meisten unserer sogenannten technischen Fortschritte ins Unheil und stürzen uns in eine Sackgasse. Selbst jene Länder, die glauben, die stärksten zu sein, die meinen, alle bestehenden Hilfsquellen für ihr Überleben und ihre Bequemlichkeit allein in Anspruch nehmen zu können, gehen der Katastrophe zu. Diese wird für sie vielleicht noch brutaler sein als für die anderen. Das Wachstum der Wirtschaft und das Wachstum des Glücks sind nicht miteinander verbunden.

Sicco Mansholt *geboren 1908*

Sich selbst gefallen hilft wenig, wenn man den andern nicht gefällt. Meistens straft die allgemeine Geringschätzung die selbsteigene Zufriedenheit. Wer sich selber so sehr genügt, wird es nie den andern.

Balthasar Gracian *1601–1658*

Daß der Mensch Jesus wahrer Mensch ist, daß er der eine wahre Mensch ist, das ist anstößig, ärgerlich, verletzend. Der wahre Mensch ist untragbar für eine Welt, die im tiefsten Grunde unmenschlich geworden ist. Diese Welt kann wohl zustimmen, wenn ein Philosoph von Feindesliebe spricht als von einem Ideal. Aber wenn Jesus sagt: Liebet eure Feinde, dann wird es unerträglich, weil er das tut, weil das bei ihm kein guter Rat ist, mit dem man es versuchen oder auch nicht versuchen kann. Sondern bei ihm wird es unausweichliche Verpflichtung. Man kann darauf nur mit Liebe oder Haß reagieren.

Martin Niemöller *geboren 1892*

10. Juni

Was die wahre Freundschaft und noch mehr das glückliche Band der Ehe so entzückend macht, ist die Erweiterung seines Ichs und zwar über ein Feld hinaus, das sich im einzelnen Menschen durch keine Kunst in der Welt schaffen läßt. Zwei Seelen, die sich vereinigen, vereinigen sich dennoch nie ganz so, daß nicht immer noch der beiden so vorteilhafte Unterschied bliebe, der die Mitteilung so angenehm macht. Wer sich sein eigenes Leiden klagt, klagt es sicherlich vergeblich; wer es der Frau klagt, klagt es einem Selbst, das helfen kann und schon durch die Teilnahme hilft.

Georg Christoph Lichtenberg 1742–1799

Wenige bringen es sich zum Bewußtsein, daß sie mit der Kritik an andern ihren eigenen Charakter verraten. Ermutigung ist oft ein besserer Ansporn, um die Leistungen zu verbessern, als jede Kritik. Kritiker haben wir genug; was unsere Welt braucht, sind Menschen der Ermutigung.

Fulton J. Sheen *geboren 1895*

Wenn man fragt, ob einer ein guter Mensch sei, fragt man nicht, was er glaubt oder hofft, sondern was er liebt. Auch nicht davon hängt das sittliche Leben eines Menschen ab, was einer weiß, sondern davon, was er liebt. Wer rechte Liebe hat, hat gewiß rechten Glauben und rechte Hoffnung; wer aber nicht liebt, glaubt vergebens, wenn auch wahr ist, was er glaubt. Kein rechtes Leben ohne rechte Liebe.

Augustinus *354–430*

Wer gelernt hat, dem Lauf der Dinge Gott zu überlassen, der sie allein zu einem guten Ende bringen kann, wird zwar nicht wie in einem psychoanalytischen Verfahren von aller Furcht befreit, aber er lernt, mit seiner Furcht umzugehen, sie zu bändigen und sie zu überwinden. Wer weiß, daß der Lauf aller Dinge dem Ziel zugeht, das Gott gesetzt hat, daß zu einem guten Ende kommen kann, was nach menschlichen Voraussetzungen unsicher und ungewiß ist. Aber die Unsicherheit braucht ihn nicht mehr zu bedrohen, wenn er wirklich an Gott glaubt.

Hanns Lilje *geboren 1899*

Weil wir in Gott den allerhöchsten und unbeschränkten Herrn und Schöpfer alles Gewordenen und namentlich die Quelle alles Lebens erkennen, bringen wir auch alle Dinge in den engsten Zusammenhang mit ihm und bewerten sie ja nach ihrer Beziehung zu ihm. Er ist uns Norm und Maßstab für alles . . . Wie alles Sein sich ursprünglich von Gott ableitet, so auch alle Ordnung und damit auch alles Recht.

Conrad Gröber *1872–1948*

Das Gebet bringt dich zu deinen wahren Dimensionen und führt Menschen und Dinge in ihr richtiges Maß. Nicht daß es kleiner machen würde. Ganz im Gegenteil . . . Das Gebet fügt einen in den Plan Gottes ein; es führt zur Zusammenarbeit mit allen anderen; es erreicht das Gegenteil des Selbstgesprächs und der Machtausübung eines einzelnen.

Jean-François Six *geboren 1929*

16. Juni

Die Erinnerung hat ein wunderliches Verfahren. Sie kümmert sich nicht um den Zusammenhang der Orte oder um die Abfolge der Zeiten. Auch nicht um die äußere Richtigkeit der Dinge und Ereignisse. Sie holt aus dem Meere der Vergessenheit einige Augenblicke empor und verleiht ihnen das Ansehen einer Ewigkeit, sie macht Kleines zu Großem und läßt bedeutende Geschehnisse als geringfügig ins Dunkel sinken.

Arthur Maximilian Miller *geboren 1901*

Das Schwierigste, wenn auch nicht das Schwerste, das heute von den Menschen verlangt wird, vielmehr: das sie von sich selbst verlangen sollten, ist dies: das Gewicht des Lebens nicht zu verschieben. Man neigt so sehr dazu, sich mit dem Gedanken zu betrügen, man werde das Leben erst wieder als Leben führen, wenn der Friede . . . in die Welt zurückgekehrt sein werde. Als ob man das Leben suspendieren könnte! Man kann es nicht. Das Leben ist immer im Gegenwärtigen zu führen. Seine Präsenz ist sein Wesen. Man kann nicht sagen: Heute lebe ich nicht, aber morgen werde ich wieder anfangen zu leben.

Wilhelm Hausenstein *1882–1957*

Wir finden, wie wir sagen, keine Zeit zum Gebet in der Hetze der Gegenwart. Das bedeutet, daß wir keine Zeit finden, uns zu sammeln. Daher brauchen wir soviel Zeit, um uns zu zerstreuen und damit der Langeweile zu entgehen, die ein sicheres Zeichen der Leere ist. Das heißt, daß jeder Mensch sich an einem äußerst gefährlichen Punkt befindet, wo es sich entscheidet, wem er angehört: der Leere und dem Nichts, oder der Fülle und der Ewigkeit. Und dies entscheidet sich im Gebet.

Hans Schomerus *1902–1969*

Was nützt der Welt, der geholfen werden muß, die beste . . . Gesinnung, wenn sie nicht von der nötigen Einsicht und Geradheit und Tatkraft begleitet ist! Leisetreter haben wir genug . . . Es braucht Ideen, Charakter, Schlagfertigkeit; zum Wirken in der Welt und auf die Welt braucht es Mark in den Knochen. An den Aufgaben stählt und steigert sich die eingesetzte Kraft.

Julius Langbehn *1851–1907*

20. Juni

Erziehung ist nur eine besondere Form des Menschenlebens überhaupt, ein Spiegelbild der größeren Erziehung, die an uns allen geschieht. Das ist das Erstaunen und das Geschenk, die Dankbarkeit, die Freude, das Geheimnis und das Ziel aller Erziehung – wir sind gerufen, mitten unter den Verhängnissen dieser Welt und trotz unserer genialen Zerstörungskünste im innern und äußeren Lebensbezirk Gottes Mitschöpfer zu sein, Handlanger des größten Vaters.

Werner Jetter *geboren 1913*

Wir sollen Frieden um uns verbreiten, wo immer wir sind. Mögen die Gegensätze zwischen den Menschen noch so groß sein, sie bleiben oberflächlich. Verglichen mit dem, was uns verbindet, ist das, was uns trennt, unendlich gering. Lernen wir wieder in jedem Geschöpf, möge es durch seine Auffassungen, seine sozialen Verhältnisse, seine Denkart oder seine religiösen Überzeugungen noch so sehr von uns unterscheiden, den Bruder erkennen. Lernen wir wieder den Menschen nach seinem wahren, unendlichen Wert beurteilen.

Dominique Pire *1910–1969*

Wenn wir das nicht wieder fertigbringen, die Welt ganz zu sehen, sind wir eine verlorene Menschheit. Das aber heißt, nicht mehr vor der Nachtseite des Lebens den Blick zu verschließen, sondern ihn gerade ganz neu für diese Seite aufzutun. Nur indem wir Heutigen der Nachtseite der Welt wieder ihre Wahrheit lassen, wird uns der Star gestochen für das wirkliche Antlitz der Welt. Wir aber erkaufen uns das Leben mit der großen Täuschung. Und dann wundern wir uns, wenn Gott uns verborgen bleibt.

Paul Schütz *geboren 1891*

Viele Menschen haben in ihren Erfolgen und Freuden, aber noch mehr in ihren Ängsten und Sorgen, Gefahren und Ausweglosigkeiten irgendwie das Bedürfnis, ihr Herz auszuschütten. Sie suchen dich auf, um Rat zu holen. Du merkst bald, daß da »guter Rat teuer« ist, daß du selbst nicht helfen kannst. Und doch kannst du helfen. Höre zu! Höre wirklich zu! Versteh den andern, fühl dich in seine Lage hinein, laß ihn ausreden, weise ihn nicht ab, habe Zeit für ihn!

Heinrich Jansen Cron *1891–1956*

24. Juni

Nur der ist reich, dem der Tag gehört. Von allem, was auf Erden ist, machen die Tage die geringsten Ansprüche und vollbringen die größten Leistungen. Sie kommen und gehen wie vermummte, verschleierte Gestalten, die aus einem fernen Freundesland gesandt sind; aber sie sprechen nicht, und wenn wir die Gaben, die sie bringen, nicht nützen, so nehmen sie sie ebenso schweigend wieder fort.

Ralph Waldo Emerson *1803–1882*

Jede sittliche Entscheidung jedes einzelnen Menschen wird von einer unersetzbaren Bedeutung, mag sie nun historisch bekannt werden oder niemals vor dem Forum der Geschichte zur Verhandlung kommen. Kein sittlich frei handelnder Mensch kann sagen: Auf mich kommt es nicht an. Jede Entwicklung einer Gemeinschaft hat ihren Ursprung in einer denkerischen oder sittlichen Leistung eines einzelnen. Alles Geschehen steht und fällt in seiner Sinnhaftigkeit mit dem Ja und Nein, das nur ein freier, einsam vor Gott sich selbst verantwortender Mensch setzen kann.

Hugo Rahner *1900–1968*

26. Juni

Das Leben ist nie statisch, und darum schreitet es unvermeidlich von der Jugend zum Alter fort. Aber die Alten werden zu weise, zu klug, und darum muß das Leben immer wieder bei den Jungen beginnen, wenn es einen Fortschritt geben soll; denn die Jungen wissen nicht genug, um klug zu sein, und so versuchen sie das Unmögliche – und erreichen es, Generation um Generation.

Pearl S. Buck *1892–1973*

Die heutige Technik der Propaganda ist in ihren Folgen zerstörender als irgendeine militärische Waffe. Sie verhindert weitschauende, konstruktive Lösungen vor und nach Kriegen, denn die Wirkungen des Rundfunks, der Zeitung und der Buchpropaganda können nicht so schnell ausgelöscht werden. Dies ist eine der gefährlichsten Entwicklungen in der heutigen Massendemokratie. Die heroische Selbstaufopferung für ein Volk kann vergeblich sein, wenn es durch Verdrehungen der Wahrheit und des objektiven Urteils in einem Chaos ethischer und rechtlicher Begriffe endet.

Heinrich Brüning *1885–1970*

Ebenso wie Mißachtung einem jeden Menschen wehe tut, ebenso tut Achtung und Höflichkeit wohl. Die Achtung, die uns andere in Wort oder Tat bezeugen, ist eine wahre Lebensfreude, ja sogar eine der köstlichsten Freuden des Lebens. Das Lob, die Anerkennung unserer Mitmenschen ist etwas, das uns im Guten befestigt, uns zu noch Besserem antreibt und alle guten Triebe im Menschen belebt und höher zieht.

Bonifaz Wöhrmüller *1885–1951*

Alle wollen den Frieden, aber nicht alle suchen ihn wirklich. Deshalb gibt es in unserer Welt so viele widersprüchliche Programme für den Frieden. An uns liegt es, aus dem Frieden einen wirksamen Begriff zu machen. Unsere Aufgabe ist es, ihn mit mutiger Folgerichtigkeit aus seinen besten Motiven zu begründen: aus dem Unsinn der kriegerischen Konflikte, aus dem beherrschenden Gedanken der Würde des Menschen, aus dem Wert der gebrachten Opfer für den Frieden und für den Dienst an den Bedürfnissen der andern, vor allem aber aus der fortschreitenden Entdeckung der menschlichen Bruderschaft – denn: jeder Mensch ist unser Bruder.

Paul VI. *geboren 1897*

Statt zu glauben, daß durch die Erforschung des Weltraums Gottes Größe reduziert worden sei, sollten die Menschen im Raumzeitalter ihren Gottesbegriff erweitern und klar erkennen, daß er nicht eine lokale Gottheit unseres Planeten, sondern Schöpfer und Meister von allem ist.

Wernher von Braun *geboren 1912*

Menschsein heißt um seine Fehler wissen und die Unzulänglichkeit wie die ständige Revisionsbedürftigkeit seiner Lebenskonzepte ehrlich eingestehen. Der Übermensch ist eine Fiktion. Wahres Menschsein macht demütig und bescheiden. Es lehrt, weil man alltäglich die eigenen Schwächen und Niederlagen erfahren muß, das Podest der Selbstsicherheit zu verlassen. Jeder Mensch ist zeit seines Lebens »unterwegs« zu dem, was er eigentlich sein sollte und sein könnte.

Alfred Läpple *geboren 1915*

Wer aufbauen will, muß stark sein. Leeres Wortgetön, negative Kritik, Abschieben der Arbeit und Verantwortung auf andere, all das ist Falschgeld . . . Der Friede, das Glück, Schönheit und Ordnung werden nur durch Arbeit errungen, durch Geduld und Selbstaufopferung. Alles, was den Menschen angeht, läßt sich nur aus den Herzen des Menschen lenken. Die besten Gesetze und Einrichtungen nützen nichts, wenn sich die Menschen nicht selber ändern.

Peter Buchholz *1888–1963*

Das Gebet ist der primäre Weg des Menschen zu Gott, der religiöse Urakt, der in allen anderen Akten, wie in Glaube, Hoffnung, Liebe, Gehorsam, mitlebt. Denn all das, auch der Glaube, ist ein Beten zu Gott, ein Ringen und Rufen nach Gottgemeinschaft und ein Finden dieser Gemeinschaft. Im Gebet erscheint Gott dem Menschen wieder in personhafter Form. Denn beten kann ich nur zu einem Wesen, das mich hören und erhören kann, das weiß um mich und sich sorgt um mich, das mich verstehen und mich lenken kann.

Theodor Steinbüchel *1888–1949*

4. Juli

Ergebenheit in den Willen Gottes ist die vorzüglichste Eigenschaft ... Denn obgleich kein sterblicher Mensch sich anmaßen dürfte, Gott gleich oder demselben auch nur ähnlich zu werden, so bereitet doch schon eine unbegrenzte Hingebung an seinen Willen die erste und sicherste Annäherung an die höchsten Werte.

Johann Wolfgang von Goethe *1749–1832*

Gewöhne dich daran, soweit du nur kannst, dich bei allem, was einer deiner Mitmenschen tut, zu fragen: Zu welchem Zweck tut er das? Mach aber bei dir selber den Anfang und prüfe dich selber zuerst.

Marc Aurel 121–180

6. Juli

Geduld ist nichts Passives. Sie ist keine Apathie. Sie erträgt, das heißt sie trägt. Also ist sie aktiv. Sie hält durch – also bahnt sie an. Und vor allem ist die Geduld nur Tugend, wenn ihr Motiv ein Wert ist, der die Strapaze lohnt. Geduldig sein heißt sich nicht beirren lassen.

Rochus Spiecker *1921–1968*

Wir sollen unseren Verstand und unsere Kräfte gebrauchen, um unsere Erde wohnlich und unsere Gesellschaft menschlich zu machen. Wir müssen unermüdlich forschen, um noch mehr Krankheit, Hunger, Unglücksfälle, Umweltverschmutzung, soziale Not und Elend der Völker zu bannen. Aber wir sollten auch unsere Grenzen erkennen, die nicht zuletzt in uns selbst liegen.

Rudolf Schnackenburg *geboren 1914*

8. Juli

Das größte Unglück, das einem Volk begegnen kann, ist die Absage an Gott. Die Kinder dieses Volkes werden Waisenkinder, die den Vater verloren haben, werden Wanderer, die das Ziel ihres Weges nicht mehr kennen. Wo Gott entthront wird und seine Majestätsrechte ihm aberkannt werden, wird allzu häufig der Mensch zum Abgott erhoben. Wo der reine Begriff des überweltlichen, souveränen Gottes gefälscht wird, werden falsche Götter in Masse aus dem Boden wachsen. Und das ist noch immer ein Unglück für ein Volk gewesen.

Michael von Faulhaber *1869–1952*

Niemals ist die Gefahr für die Menschheit so groß gewesen wie heute, da sie Vernichtungsmittel besitzt, die alles Leben ausrotten können . . . Unsere einzige Hoffnung ist das moralische Gesetz in uns, das Gefühl für Verantwortung, Menschenliebe, Mitleid, Hilfsbereitschaft, der Abscheu vor Gewalttat und Unrecht und die Liebe zum Menschen, die doch fast allen Menschen gemeinsam ist. Die seelischen Werte sind das Wesentliche, das den Menschen von anderen Geschöpfen unterscheidet.

Ferdinand Hoff *geboren 1896*

10. Juli

Ausreden. Nie werden sie dir fehlen, wenn du deinen Pflichten ausweichen willst. Welche Fülle wohlbegründeter Sinnlosigkeiten! Verschwende deine Zeit nicht damit, sie lange abzuwägen. Wische sie beiseite und tue deine Pflicht!

Josemaria Escrivá *geboren 1902*

Mehr als Erde ist Blüte und Frucht; doch sie wären nicht ohne die Erde.
Mehr als Schweigen ist das gute, wahre Wort; doch es wäre nicht ohne das Schweigen.
Mehr aber als Schweigen und Wort ist die Liebe; ohne sie wäre das Schweigen Eis und das Reden Wind.

Max Rößler *geboren 1911*

Das Gebot der Liebe ist ein ebenso fundamentales Gesetz in der Welt der Menschen wie das Gesetz der Schwerkraft im Bereiche der Physik. Von dem Augenblick ihrer Entwicklungsgeschichte an, da die Lebewesen ihre Instinkte verloren, wurde die Liebe für den Fortbestand der Gesellschaft unentbehrlich. Die Liebe eint, der Haß trennt. Alles Trennende heißt Sünde.

Alexis Carrel *1873–1945*

Zur Fähigkeit, die wirkliche Gegenwart geistig zu genießen, gehört innere Ruhe . . . Ganz tief und lebendig kann die Gegenwart nur fühlen, wer sie als Mutter alles Zukünftigen verehrt und wer zu jeder Zeit die volle Summe seiner Vergangenheitserfahrungen bei sich trägt. Ganz bewußt im Gegenwärtigen leben, das heißt die Allgegenwart des Ewigen spüren.

Karl Scheffler *1896–1951*

Die Spannung zwischen Bewahrung und Fortschritt ist die innere Kraft der menschlichen Entwicklung. An und für sich sind diese beiden Elemente sich nicht wirklich entgegengesetzt, aber die Menschen tun alles, um uns dies glauben zu machen. Die einen berufen sich auf die Tradition, um mehr zu bewahren, als notwendig its; die andern versuchen mehr zu verändern als man sollte. Die Vorsehung Gottes, die über alles wacht, gibt uns einen breiten Spielraum.

Denis E. Hurley *geboren 1915*

Wenn man zu anderen Völkern kommt, in ein neues Milieu, dann muß man selbst anders werden . . . Es bleibt nichts anderes übrig, als sich in ihr Denken und Empfinden einzuleben, wenn man nützlich sein will, wenn man seinen Dienst verrichten will. So erweitert man sich selber stark, wenn man die neue Lebenshaltung sich aneignet, wenn man lernt, mit fremden Augen zu sehen, mit fremden Sinnen wahrzunehmen, unter fremden Voraussetzungen anzupacken und zu erkennen.

Friedrich Dessauer *1881–1963*

Es gibt keine größere Freude, als andern Freude zu bereiten. Darin liegt die Versöhnung von Egoismus und Nächstenliebe. Wertvollere Freuden kann man sich nicht verschaffen als die, welche man anderen verschafft und mit ihnen genießt . . . Was ist das Glück? Andere glücklich machen. Was ist die Freude? Andern Freude machen!

Paul Wilhelm von Keppler *1852–1926*

Ein jeder sollte barmherzig sein gegen seinen Nächsten, in allem, dessen er bedarf, nicht allein in Gaben, sondern auch im Ertragen seiner Fehler. Statt dessen fällt jeder richtend über den anderen her. Niemand maße sich an, des andern Richter zu sein, er sei denn zuvor sein eigener Richter gewesen.

Johannes Tauler 1300–1361

Glauben kann und darf man auch und gerade heute.
Je mehr der Mensch seine Möglichkeiten der Weltgestaltung erweitert, desto mehr entdeckt er die Geschenke dieser Erde und seine eigenen Grenzen. Beide zusammen weisen hin auf das eine Geheimnis aller Dinge, das dem Menschen nicht zur Verfügung steht. Dieses Geheimnis ist Gott.

Otto Hermann Pesch *geboren 1931*

Neid, Habsucht, Hartherzigkeit, Verleumdungssucht, Trägheit, alle diese Laster lassen sich bändigen oder einschläfern – nur die Eitelkeit ist immer wach und verstrickt den Menschen unaufhörlich in tausend lügenhafte oder wenigstens unnötige Dinge, Brutalitäten und kleinere oder größere Gefahren, die alle zuletzt ein ganz anderes Wesen aus ihm machen, als er eigentlich zu sein wünscht.

Gottfried Keller *1819–1890*

Wird das erste Gebot, daß man Gott vor allem fürchten, lieben und ihm vertrauen soll, mißachtet, so gibt's auch keine Heiligung des Sonntags mehr, keine Autorität der Eltern, keine Schonung menschlichen Lebens und Achtung menschlicher Würde, keine Unverletzlichkeit der Ehe, keine Rücksicht auf des Nächsten Eigentum, Ehre und Recht; dann ist der Begehrlichkeit nach dem, was der andere hat, Tür und Tor geöffnet, und als gut gilt, was dem Menschen nützt, nicht was Gott geboten hat.

Theophil Wurm *1868–1953*

An Gott glauben! – Du meinst, das täten wir schon? Dann wäre mehr Freude und Humor auf der Welt. Das ist das letztgültige Rezept: wirklich an Gott glauben, daß seine Allmacht und seine Liebe lebt. Das allein kann die Herzen im tiefsten ruhig machen und froh.

Ludwig Wolker *1887–1955*

Staaten sind Menschenwerk. Sie bleiben dem Gebot unterworfen, dem Menschen zu dienen. Es ist ein Verstoß gegen Moral und Vernunft, sie zu Götzen zu machen. Sie sind nicht gefeit gegen Entwicklung und Veränderung. Wo solche Veränderung notwendig wird, um das gemeinsame Leben der Menschen besser zu ordnen, ist sie anzuerkennen, zu begrüßen, zu fördern.

Walter Hallstein *geboren 1901*

Einen Dialog führen heißt, zunächst auf den anderen hören; und wir wissen alle, daß es bedeutend schwerer ist, zuzuhören als zu sprechen. Nur wenige Leute können zuhören, nur wenige wissen, daß sie zwei Ohren und einen Mund haben, das heißt, daß die Natur selbst dazu auffordert, doppelt soviel zuzuhören als selbst zu sprechen. Dem anderen zuhören – nicht allein aus Höflichkeit, sondern um sich zu unterrichten und sich durch den geistigen Kontakt mit dem anderen zu bereichern. Dem andern zuhören heißt bei ihm in die Schule gehen, das aber bedeutet, Vertrauen zu ihm haben.

Léon-Joseph Suenens *geboren 1904*

Die wirkliche Begegnung der Geschichte vollzieht sich von vornherein nur im Dialog. Nur wenn man sich selbst bewegt, weiß man von den geschichtlichen Mächten, nicht als neutraler Beobachter, und nur wenn man bereit ist, den Anspruch der Geschichte zu hören, versteht man überhaupt, worum es sich in der Geschichte handelt.

Rudolf Bultmann *geboren 1884*

Der entscheidende Kampf spielt sich fern vom Geschehen des Tages ab, nicht an den Konferenztischen, in der Presse, in Parlamenten, nicht in den Bankhäusern und Börsen, nicht auf den Schlachtfeldern, er bleibt unsichtbar, heimlich und geheim. Und doch hängt von seinem Ausgang alles ab, gegen ihn ist alles andere ohne Bedeutung. Es ist der Kampf, den der Mensch, jeder einzelne für sich, in der Verborgenheit seines Herzens zu bestehen hat, der große Entscheidungskampf um Gut und Böse, um die Wahrheit, die Gerechtigkeit und die Liebe . . . Keinem bleibt die Entscheidung erspart.

Otto Gillen *geboren 1899*

26. Juli

Familie ist nicht nur ein Erzeugnis äußerer Lebensbedingungen, sondern ebensosehr des Geistes. Es wäre öder Materialismus zu glauben, man brauche den Menschen bloß in veränderte äußere Lebensbedingungen zu bringen, und dann werde sich sein Wesen von selbst ändern ... Zur Familie gehört Besinnung, Ruhe; gehört auch erkenntnismäßig ein Ahnen von Werten, die nur durch schöpferische Hingabe verwirklicht werden können.

Anton Heinen *1869–1934*

Euer Auto ist kein Spielzeug. Es ist ein Instrument, eine Maschine. Es ist geschaffen für den Dienst an den Menschen, nicht um sie zu vernichten. Der Fahrer ist deshalb der Herr darüber. Er muß es während seiner ganzen Fahrt sein. Er hält ein Werkzeug in seiner Hand und trägt dafür die Verantwortung.

François Marty *geboren 1904*

Die Völker haben neue Aufgaben in diesem Zeitalter der Technik. Viele Gesetze scheinen veraltet, manches, was man einst lehrte, hat keine entscheidende Gültigkeit mehr. Wir müssen das Wissen erneuern. Wir müssen bereit sein, den Schutt abzutragen, damit die wirkliche Weisheit zu leben vermag. Wir müssen Weltgesetze schaffen, so klar, daß sie durch keine Spitzfindigkeit mehr verdreht werden können. Wir müssen die Pfeiler des Friedens erneuern, damit die Kulturen blühen können, damit der Mensch wieder sicher zu leben vermag.

Max Brod *geboren 1884*

Vor kurzem noch galt unter allen menschlichen Trieben der Selbsterhaltungstrieb als der stärkste. Heute ist er von seinem jüngeren Bruder, dem Geltungstrieb, in den toten Winkel gedrängt. Ihm opfert der moderne Mensch Gesundheit, Leben und Glück. Sein Symbol ist das vergötzte Auto, sein höchster Wunsch die Vorfahrt. Muß die motorisierte Menschheit erst auf das Krankenlager gestreckt und vom Arzt »überholt« werden, ehe sie erkennt, daß das Überholen nicht der höchste Sinn des Lebens ist?

Josef Magnus Wehner *1891–1973*

30. Juli

Eines der schlimmsten Laster des Staatsmanns ist die Anmaßung. Geister, die an mangelnder Bescheidenheit leiden, sind meist so vernarrt in ihre eigenen Überzeugungen und Meinungen, daß sie die anderer Menschen sämtlich verurteilen, mögen diese oft auch besser sein. Einfach unerträglich sind sie, wenn zu der Autorität, die mit ihrer Stellung verbunden ist, noch dieser angeborene Dünkel kommt. Um es kurz zu sagen: Wenn sich in einem Staatsmann Bescheidenheit mit Herzensgüte und Urteilsvermögen verbindet, so verfügt er über alle Eigenschaften, um als befähigt zu gelten.

Armand-Jean Richelieu *1585–1642*

Zu den Werten, die ihren Kurswert verloren haben, gehört auch die Ehrfurcht vor den Werken vorausgegangener Generationen. Wie war es bloß möglich, den Menschen einzureden, die Tradition gehöre auf den Abfallhaufen? Es ist doch Tatsache, daß kein Geschlecht ohne die Erfahrung des Vorausgegangenen leben kann. Denn das Leben eines Menschen, einer Generation reicht einfach nicht aus, allen anstehenden Fragen eine Antwort zu geben. Wer seine Vergangenheit mit Füßen tritt, wird es auch mit Menschen und Kultur seiner Gegenwart tun. Rückbesinnung auf die Ehrfurcht kann uns den Weg in die Zukunft weisen.

Virgil Kinzel *geboren 1910*

1. August

Gottes Schöpfung ist es, an der der Mensch mit seinem Wirken beteiligt ist, vom Umgehen mit der Atomkraft bis zum Weitergeben des Lebens. Schon jeder Sonnenaufgang, der die Welt erneuert, läßt uns etwas ahnen von der alle Tage neuen Macht Gottes selber, der über diese Schöpfung Licht und Kraft und Wärme ausschüttet und sie in ihren Grundfesten erhält. Würde und Ehre des Menschen aber ist es, darin nicht selber Gott, sondern Haushalter Gottes zu sein. Er darf hineingreifen in die Reichtümer der Schöpfung, aber er wird nicht frevlerisch Raubbau treiben. Er darf eindringen in die unerschöpflichen Geheimnisse des Kosmos, aber auch seine Erkenntnis ist dem Wort und Gebot Gottes untertan. Haushalter ist der Mensch, nicht Herr.

Hermann Dietzfelbinger *geboren 1908*

Den Frieden schaffen, das bedeutet nicht allein gemeinsam die Macht schmieden, die jede Gerechtigkeit benötigt, um sich Achtung zu verschaffen. Das heißt nicht nur auf industriellem, wirtschaftlichem, landwirtschaftlichem und selbst militärischem Gebiet neue Wege beschreiten. Das bedeutet nicht nur überkommene Routine zu brechen, Traditionen zu überwinden, Interessen zu opfern bis hin zu Elementen der Souveränität, um die politischen Methoden den Erfordernissen der Gegenwart anzupassen. Den Frieden schaffen, das heißt ebenso – und das nicht weniger wichtig als alles andere –, das bedrängende Problem der Not anzupacken, das sich da und dort gebieterisch stellt, und dafür neue Lösungen auf internationaler Basis zu finden.

Wladimir d'Ormesson *1888–1973*

Das Reisen kann eine ungemein befruchtende Bildungsmacht sein; dann kehrt der Mensch bereichert, verwandelt und gereift von den fernen Ländern und fremden Völkern zurück. Dazu braucht es Zeit, und man ließ sich früher Zeit. Heute ist das Reisen weithin zu einem leeren Betrieb geworden; dabei ist oft kaum das echte Verlangen nach Bildung, sondern mehr das wesenlose Haschen nach Sensationen am Weg. Solches Reisen führt nicht zu erhöhtem, sondern zu zersetztem Menschentum, das an dem Reichtum der Welt und ihrer bergenden Kraft blind vorbeigeht.

Johannes B. Lotz *geboren 1903*

Man bessert sich oft gründlicher durch den Anblick des Bösen als durch das Vorbild des Guten; und es ist gut, sich daran zu gewöhnen, aus dem Bösen Nutzen zu ziehen, da es so häufig ist, während das Gute so selten vorkommt.

Blaise Pascal *1623–1662*

5. August

Es gibt Leute, die so wenig Herz haben zu behaupten, daß sie sich nicht getrauen zu sagen, es wehe ein kalter Wind, so sehr sie ihn auch fühlen möchten, wenn sie nicht vorher gehört haben, daß es andre Leute gesagt haben.

Georg Christoph Lichtenberg *1742–1799*

Liebe zur Wahrheit und Liebe zu den Menschen, das heißt zum Nächsten, beide sind wesentlich und müssen harmonisch miteinander verknüpft und ins richtige Verhältnis zueinander gesetzt werden. Was kann diese zweifache Liebe alles bewirken, um die Menschen zusammenzuführen und die Eintracht ihrer gegenseitigen Beziehungen zu fördern. Wahrheitsliebe ohne Nächstenliebe kann in der Tat zur Unduldsamkeit entarten, und dann wirkt sie abstoßend; Liebe ohne Wahrheit aber ermangelt der rechten Einsicht und hat keinen Bestand.

Augustinus Bea *1881–1968*

Was den Frieden sichert, ist zutiefst die echte Friedensgesinnung, die wahre Friedensliebe und nicht zuletzt eine sich maßvoll bescheidende Zufriedenheit der Menschen. Diese Grundhaltung des Menschen als Grundlage des Friedens werden wir aber ohne Gott, ohne Christus nicht schaffen und erst recht nicht erhalten können . . . Wer darum den Frieden sichern will, darf nicht mit Gott auf dem Kriegspfad stehen.

Joseph Wendel 1901–1960

Die Geschichte heilt den Menschen nicht weniger, als die Naturwissenschaft es tut, von egozentrischer Einstellung und von der Überschätzung der Bedeutung oder Gleichgültigkeit dessen, was ihn unmittelbar umgibt. Nichts ist besser für den Menschen als zu sehen, wie die Grenzen seiner eigenen begrenzten Persönlichkeit zeitlich und räumlich weichen und er an das gebunden ist, was vorher war und was einmal sein wird. Was ist für den Menschen heilsamer als der Anblick der ewigen Unvollkommenheit und des ewigen Strebens, der Begrenztheit alles menschlichen Könnens und der Abhängigkeit auch des Genies und Heldentums von höherer Macht?

Johannes Huizinga *1872–1945*

Glaube an die göttliche Vorsehung ist der Glaube, daß nichts uns davon abhalten kann, den letzten Sinn unserer Existenz zu erfüllen. Vorsehung bedeutet nicht, daß alles wie bei einer Maschine nach einem festgelegten göttlichen Plan abrollt. Vielmehr bedeutet Vorsehung, daß in jeder Situation eine schöpferische und rettende Möglichkeit liegt, die durch kein Ereignis zerstört werden kann. Vorsehung bedeutet, daß die dämonischen und zerstörerischen Kräfte in uns und unserer Welt niemals gänzlich von uns Besitz ergreifen und die Bande, die uns mit der vollendeten Liebe verbinden, niemals zerrissen werden können.

Paul Tillich *1886–1965*

Überall, wo Menschen miteinander leben, gab und gibt es Konflikte. Sie sind unvermeidlich, wo Kräfte zur Entfaltung drängen, wo Ideen und Interessen mit Energie vertreten werden. Sie zu bedauern, sie zu verteufeln oder zu vertuschen, hat keinen Sinn. Es kommt darauf an, wie wir mit ihnen zurechtkommen und was wir aus ihnen machen.

Wilhelm Kempf *geboren 1906*

Die Völker, die bisher als Beute der Starken, als Material für einen totalen Krieg betrachtet wurden, verdienen es, als Patienten behandelt und betreut zu werden. Die Staatsmänner müssen geschickte und gelehrte Ärzte sein. Allheilmittel gibt es in der Politik keine. Heilung und Prophylaxe sind gleichermaßen vonnöten. Vor allem muß der Sinn der Menschen wieder auf friedlichere und nützlichere Beschäftigungen gerichtet werden. Denn in Wirklichkeit haben alle Völker genug von Krieg, Blut und Tränen.

Jean Rodolphe von Salis *geboren 1901*

Wie die Menschen das Abenteuer ihres alltäglichen Berufes bestehen, davon hängt wesentlich und vielfach entscheidend ihre ganze Lebensgestaltung und ihr Lebensertrag ab. Auf diesem Gebiet steht meist ihr großes Lebenskreuz und wird vielleicht auch ihre große Lebenstat vollbracht. Das Entscheidende ist in jedem Fall, ob es einem Menschen gelingt, aus seinem »Beruf« im bürgerlichen Sinn eine wirkliche Berufung zu machen.

Peter Lippert *1879–1936*

Das weitaus meiste von allem, was sich heute unter Menschen Gespräch nennt, wäre richtiger, in einem genauen Sinn, als Gerede zu bezeichnen. Im allgemeinen sprechen die Leute nicht wirklich zueinander, sondern jeder ist zwar dem andern zugewandt, redet aber in Wahrheit zu einer fiktiven Instanz, deren Dasein sich darin erschöpft, ihn anzuhören ... Die Hauptvoraussetzung zur Entstehung eines echten Gesprächs ist, daß jeder seinen Partner als diesen, als eben diesen Menschen meint.

Martin Buber *1878–1963*

Ein Leben, das in Freiheit Gestalt gewinnen soll, bedarf zumindest streckenweise der mühsamen Übung und Ausdauer. Es geht dabei nicht ohne Selbstbesinnung, Selbstbestimmung und Selbtserziehung ab. Ein menschliches Dasein von Format ist nicht im Handumdrehen erreicht. Wer sich am einen Tag nur der beschwingten Lust überläßt und am nächsten Tag der Unlust, die alles fade findet, kommt nicht ans Ziel. Wir wachsen und reifen nur an Widerständen, die wir überwinden.

Georg Moser *geboren 1923*

Die Welt ist uns Gottes Welt. Sie ist es noch weit mehr, als wenn sie nur aus seinen Schöpferhänden hervorgegangen wäre. Sie ist jeden Augenblick in diesen seinen Händen und empfängt jeden Augenblick aus diesen seinen Händen Sein und Bestand und Kraft und Tätigkeit und Leben und alles. Wer sich wirklich in die Tiefen der Weltgeheimnisse versenkt, der wird unfehlbar Gott begegnen, wenn er's ehrlich meint.

Albert Stohr *1890–1961*

Wahrhaftigkeit ist die Lebensfrage, das zentrale Problem. Alle Aufgaben der Erziehung wären gelöst, wenn es gelänge, Wahrhaftigkeit zum Gesetz zu machen, den einen erlaubten, ja notwendigen Stolz im Menschen zu erwecken, der sich jeder Erniedrigung durch die Lüge widersetzt. Des Menschen eigentliche Würde kann nur darauf ruhen, daß er zu stolz für die Lüge ist.

Reinhold Schneider *1903–1958*

Wo man vergeben kann, da heilen alle Wunden wieder. Nur wo man nicht vergeben kann, da gibt es leicht Risse und Sprünge im Haus der Ehe bis hin zur Einsturzgefahr. Wo zwei Menschen sich wechselseitig Vergebung schenken, die sie zuvor überreich von Gott her für sich empfangen haben, da kann selbst durch Krise und Erschütterung hindurch die Gemeinschaft schöner, tiefer und stärker denn zuvor werden. Das gilt nicht nur für das Zusammenleben von Mann und Frau. Warum sollten wir diese Wahrheit nicht auch auf das Zusammenleben zwischen Klassen, Rassen und Völkern anwenden können?

Adolf Köberle *geboren 1898*

Die Selbstliebe hindert zuerst die Vereinigung mit Gott, und erst dann mit andern Menschen – untereinander . . . in Familien, Staaten, Kirchen. Diese Selbstliebe ist die Mutter all des verschiedenen Eigen-Interesses, Eigen-Willens, Eigen-Sinnes, Eigen-Redens, Eigen-Tuns in verschiedenen Menschen. Nur Gottes-Liebe einigt die Menschen mit Gott und mit Ihresgleichen.

Johann Michael Sailer *1751–1832*

19. August

Mensch sein heißt verantwortlich sein ... Jeder ist für alle verantwortlich. Jeder ist allein verantwortlich. Jeder ist allein für alle verantwortlich. Ich verstehe zum ersten Mal eines der Geheimnisse der Religion, aus der die Kultur hervorging, die ich als die meine anspreche: die Sünden der Welt tragen. Und jeder trägt alle Sünden der ganzen Welt.

Antoine de Saint-Exupéry *1900–1944*

Die Wahrheit ist die Führerin der Gerechtigkeit. Sie allein weist die richtigen Wege durchs Leben. Die Wahrheit ist es, die aus Gott kommt und die deshalb den unbestechlichen Bundesgenossen im Gewissen des Menschen findet, in diesem Gewissen, das das Ebenbild Gottes im Menschen dokumentiert, das Echo der Stimme Gottes.

Adolf Kolping *1813–1865*

Zeichnet es nicht unsere Generation aus, daß erstmals das Ganze der einen Menschheit in ihren Erfahrungshorizont gerät? Wie viele, besonders junge Menschen, sind auf neue Weise von dem betroffen, was Menschen in der sogenannten Dritten Welt widerfährt! Argwöhnen wir nicht sofort, hier träte die Fernstenliebe an die Stelle der Nächstenliebe. Freuen wir uns, daß endlich die ganze Spannweite der Nächstenliebe bewußt zu werden beginnt.

Lorenz Jaeger *geboren 1892*

Unserer Zeit im Zugwind zweier Weltalter tut zweierlei not: das staunende Ergriffensein von allem »fleischgewordenen« Wunder der Geisterwelt um uns, über uns und unter uns, den Spürsinn für alle holde Nähe und Vertrautheit und alle unholde Fremdheit und Ferne dieser Welt unantastbarer Freiheiten und unaufhebbaren Verfallenseins; und auf der anderen Seite das klare Wissen um die Ewigkeit als um das feste Haus alles Lebens, den Zielpunkt und Richtpunkt all seiner Verstrickungen, Wege und Irrwege. Es ist das Wissen um den Doppelstand alles menschlichen Wesens.

Rudolf Alexander Schröder *1878–1962*

23. August

Lassen wir uns nicht täuschen, Wert und Würde des Menschenlebens hängen am Gottesglauben. Dort, wo der Gottesglaube vernichtet ist, oder wo er sich in der Gesellschaft nicht mehr durchsetzt, wird der Mensch zu einer Nummer in der Masse der Menschheit, zu einem Stäubchen in dem unermeßlichen materiellen Kosmos, und alle seine Ansprüche auf Herrschaft in diesem Kosmos werden zu einer lächerlichen Anmaßung. Nur der Glaube an Gott ist geeignet, die wirkliche Grundlage für die Weltanschauung eines Zeitalters und eines Volkes abzugeben.

Paul Simon *1882–1946*

Es gibt Menschen, die nur schwarze Berge vor sich sehen und dunkle Wolken, Schrecknisse... Sie nehmen alles tragisch, fressen es in sich hinein... Wir alle erleben Enttäuschungen, immer wieder, es gilt nur, sie zu überwinden und mit ihnen fertig zu werden.

Ludwig Finckh *1876–1964*

Das Buch der Bücher ist ein Buch mit vielen Siegeln, die nur der Geist Gottes lösen kann. Der Inhalt ist so weit wie Gott selbst. Das Buch ist nicht wie andere Bücher, die man gewöhnlich nur einmal liest. Dieses Buch ist jeden Tag neu, denn es weiß immer das Neueste vom Tage zu berichten. Es ist unerschöpflich, weil es Gottes Wort ist, das keine Grenzen kennt.

Benedikt Reetz *1897–1964*

Sei in deinem Tun gerecht. Versetze dich immer in die Lage des Nächsten, dann wirst du gut handeln . . . Man verliert nichts, wenn man großmütig und mit einem königlichen und zugleich vernünftigen Herzen lebt. Prüfe oft dein Herz, ob es so gegen deinen Nächsten ist, wie du möchtest, daß sie gegen dich seien.

Franz von Sales *1567–1622*

Freude ist Gebet, Freude ist Stärke, Freude ist Liebe. Gott liebt den fröhlichen Geber. Am meisten gibt, wer mit Freude gibt. Die beste Weise, Gott und den Menschen unsere Dankbarkeit zu zeigen, ist, alles mit Freude anzunehmen. Ein fröhliches Herz ist in der Regel das Ergebnis eines Herzens, das vor Liebe brennt.

Mutter Terese von Kalkutta *geboren 1910*

Sei unzufrieden mit dem, was du bist, falls du es erreichen willst, ein anderer zu sein, als du bist; denn wo du Halt machst, da wirst du auch bleiben. Und sobald du sagst, ich habe genug geleistet, bist du verloren.

Aurelius Augustinus *354–430*

Der werktägliche und der sonntägliche Bereich können unmöglich säuberlich getrennt nebeneinander bestehen. Entweder bleibt alles werktäglich; was so viele aus dem Sonntag gemacht haben, ist bar aller Weihe, ist nur Wechsel des Betriebs, Verfremdung an die Mächte, die nicht zur Besinnung kommen lassen. Oder aber es wird vom Sonntag Tiefgang, Orientierung und Sinn für den Werktag gefunden. Welcher Konfession oder Nichtkonfession einer ist – jeder könnte die Entspannung des Sonntags sich zur Lebenshilfe werden lassen.

Audomar Scheuermann *geboren 1908*

So viele Dinge, die plötzlich als modern auftauchen und als neueste Errungenschaften angepriesen werden, sind bald überholt und als verhängnisvoll erkannt, und man möchte dann das Volk zurückrufen. Aber es ist schwer, das zu verlassen, was man als modern angepriesen hat. Welcher Segen für ein Volk wäre eine Macht, die nicht unbesehen übernimmt, die den Mut hat, auch einmal unmodern zu sein. Eine solche Macht wäre ein Prinzip des Fortschritts, eines wahren und stetigen Fortschritts im Guten, nicht eines sprunghaften und übereilten ins Verhängnis hinein.

Wendelin Rauch *1885–1954*

31. August

Einsam ist allein der Mensch, der das Leben auf sich selbst und die Schuld immer nur auf die anderen bezieht. Wenn Freude den anderen sucht, so sucht die Einsamkeit sich selbst. Es wird aber derjenige Mensch vom Leben ständig enttäuscht, der alles von den anderen erwartet und sich nicht ausgeben mag. Niemand wird verlassen, er habe sich denn zuvor nicht selbst verlassen. Wer eine Aufgabe anpackt und sich anderen Menschen zuwendet, hat auch schon seine Einsamkeit überwunden.

Johann Christoph Hampe *geboren 1913*

Es gibt kein Wort, das mehr mißbraucht und mißdeutet wird als das Wort Freiheit ... Die Freiheit kann nur insofern etwas Gutes sein, als es eine Freiheit vom Bösen und von den Hindernissen des Guten oder eine Freiheit zum Guten ist.
Ohne Gott gibt es hier kein anderes Gut, auch keine wahre Freiheit ... Die Freiheit ohne Gott ist nicht Freiheit vom Übel und Freiheit zum Guten, sondern Freiheit vom Guten und Ohnmacht zum Guten und folglich die Knechtschaft des Übels und des Bösen.

Matthias Joseph Scheeben *1835–1888*

2. September

Die Welt ist verloren, wenn es in ihr keine Caritas, wenn es in ihr keine Liebe gibt. Der bewundernswerte materielle Fortschritt bleibt letztlich wertlos, wenn er nicht von einer weitgespannten menschlichen Brüderlichkeit begleitet wird. Es ist notwendig, daß die Kriege aufhören. Aber all das steht im Evangelium.

Julien Green *geboren 1900*

Niemand soll Sie bestechen, die Stimme Ihres redlich gefragten Gewissens zu überhören. Denn es wird niemand am Ende für Sie glücklich und niemand unglücklich. Sie sind, Gottes allordnende Fügung miteingerechnet, der einzige Schmied Ihres Glückes. Also müssen Sie vorzüglich sich fragen und die leiseste Regung des Gewissens scharf beobachten.

Johann Michael Sailer *1751–1832*

Wer es nicht versteht, so zu leben, daß er den Nächsten liebt und den Schmerz der andern mit umfaßt, erhält seine Strafe darin, daß er den eigenen mit unerträglicher Heftigkeit empfindet. Den Schmerz kann man nur in sich aufnehmen, wenn man ihn zum allgemeinen Schicksal erhebt und mit den anderen, die leiden, mitfühlt.

Cesare Pavese *1908–1950*

Religion in all ihren konkreten Formen erklärt, daß der Mensch zu einem neuen Wesen werden muß. So wie der Mensch lebt, ist er nur das Rohmaterial für ein inneres Wachsen und Entfalten. Er ist unvollständig und unfertig. Er muß eine innere Erfüllung finden durch »metanoia«, was mit »Buße« nicht genau übersetzt wird. Wenn wir nicht Buße tun, wenn wir nicht neu geboren werden, wenn wir nicht in unserem Bewußtsein gewandelt werden, dann können wir in Gottes Reich nicht eintreten.

Sarvepalli Radhakrishnan *geboren 1888*

An zahllosen Bier- und Kaffeetischen kann man seufzen hören, wie schmutzig, wie unheilbar unsauber doch alle politischen Geschäfte seien, wie unwahr die Presse, wie falsch die Kabinette, wie gemein die Parlamente usw. Man dünkt sich, indem man also jammert, zu hoch, zu geistig für die Politik. In Wahrheit ist man kleinmütig, bequem, unfähig und unlustig zum Helfen und Dienen am eigenen Volk. Wenn man noch nicht einmal zum Mitläufer taugt, dann freilich ist es schön, sich einzubilden, daß man über den Parteien steht . . .

Karl Voßler *1872–1949*

Einsamkeit, Verlassenheit, Melancholie – es gibt kein Heilmittel gegen diese Übel, wenn man nur in dieser Welt lebt. Ihnen entgehen nur jene, die an die Ewigkeit glauben; solche Menschen fühlen sich nie völlig allein, die Traurigkeit des Verlassenseins kann sie im letzten nicht anfechten. Sie wissen, daß Einer da ist, der sie nie vergessen wird, der immer vor ihnen, neben ihnen und in ihrem Herzen ist: Christus.

Joseph Folliet *1903–1972*

Das Kreuz, Gottes Weisheit, lehrt uns das Leben verstehen. Das Kreuz, Gottes Kraft, gibt uns die Stärke, das Leben zu meistern. Wir wollen das Kreuz in unserem Herzen behalten. Wir wollen es zu neuen Ehren bringen in unseren Familien. Das Kreuz soll alle Freuden veredeln und erheben und soll das Bittere, Drükkende erträglich und leichter machen.

Konrad Graf von Preysing *1880–1950*

Feindesliebe ist nichts für kleine, schwache Geister. Für solche, die sich fürchten und die Angst haben. Feindesliebe ist der Weg der Starken. Sie kann die Welt verändern, weil sie der Entzweiung wehrt und Möglichkeiten des Zueinanders schafft. Die Feindesliebe scheint zum Scheitern verurteilt. Gewiß, sie müßte scheitern, wenn Gott nicht wäre. Er schenkt solcher Liebe Zukunft.

Willibald Leierseder *geboren 1930*

Jeder Morgen ist eine neue Geburt, ein Erwachen zum Leben. Die erste Stunde entscheidet über das Schicksal unseres Tages. Wenn wir in der ersten Stunde schon in die Vielfältigkeit der Welt uns verlieren, dann ist der Tag verloren, dann werden wir zerrieben von dem Vielerlei der Dinge, Sorgen und Geschäfte. Wenn wir gedankenlos, oberflächlich über den Morgen hinwegleben, dann leben wir über den ganzen Tag hinweg; dann ist er überhaupt kein »Tag«, sondern ein »Fetzen Zeit«, ohne Sinn und Angesicht.

Robert Grosche *1888–1967*

Ist die Kritik wirklich ein Übel? Einige werden sicher ohne weiteres sagen: ja! Ich würde es nicht so ohne weiteres sagen. Ich würde sagen, daß die Fähigkeit, Kritik zu üben, im Grunde eine Gabe Gottes ist wie die anderen. Es handelt sich nur darum, guten Gebrauch dieses Vermögens zu machen, eben weil die Möglichkeit besteht, Kritik im guten und im schlechten Sinne zu üben ... Es ist wirklich notwendig, eine starke, tiefe und echte Kritik üben zu können, um das Wahre vom Falschen zu unterscheiden.

Konrad Bafile *geboren 1903*

Gott hat den Menschen die Kraft des Wissens gegeben, damit sie durch sie Ihn finden, zu dem eigenen Ursprung zurückkehren. Je weiter jemand diesen Weg durch die Unermeßlichkeit und Abgründigkeit der Welt kommt, um so mehr wird er in Liebe zu Gott entbrennen. So erhebt sich als Gipfel der Pyramide, als Sinn und Erfüllung alles Wissens, die Erkenntnis Gottes in seiner Schöpfung.

Gertrud Bäumer *1873–1954*

Wir können zu nichts, das unser Vermögen und unsere Kräfte übersteigt, verpflichtet sein; und das zwar deswegen, weil die Wirkung und Erfüllung ganz und gar nicht in unserer Macht stehen; und weil, genau betrachtet, nichts in unserer Macht steht als der Wille; in diesem gründen sich notwendigerweise alle Regeln für die Pflichten des Menschen.

Michel Montaigne *1553–1592*

14. September

Der Friede unter den Menschen beginnt im eigenen Herzen. Wer Gott gefunden hat, wird zum Boten des Friedens. Er wird sich mit aller Tatkraft um den Frieden mühen, nicht nur, weil ein neuer Weltkrieg die Menschheit vernichten würde, sondern weil nichts der Liebe Gottes so sehr widerspricht wie Krieg, Haß, Unrecht, Schrecken und Vernichtung.

Joseph Höffner *geboren 1906*

Um seinen Nächsten zu lieben, braucht man sich nur gehen zu lassen; man braucht nur so viel Not anzuschauen. Um seinen Nächsten nicht zu lieben, müßte man sich Gewalt antun . . ., sich selbst zuwiderhandeln. Sich weh tun. Seine Natur verändern, gegen den Strom schwimmen. Die Liebe ist ganz natürlich, ganz ursprünglich, ganz einfach, sie läuft rasch ihren Weg. Sie ist die erste Regung des Herzens. Die erste Regung ist immer die rechte. Um seinen Nächsten nicht zu lieben, müßte man Augen und Ohren verschließen vor so vielen Rufen der Not.

Charles Péguy *1873–1915*

16. September

Die Gegenwart ist nur wie eine Maske oder Verkleidung, die das Ewige, das Bleibende und Unabänderliche verbirgt. Wie Hüllen und Kleider zieht das Unwandelbare bald dieses, bald jenes über, und wirft bald dieses, bald jenes ab. Wir rasten aber gar oft viel zu sehr in der Verwandlung und halten sie für das Wirkliche, statt das Ewige, das Bleibende und Unabänderliche liebevoll zu erforschen.

Leo Weismantel *1888–1964*

Wir alle können die Welt bewegen. Wenige nur werden die Größe haben, die Geschichte zu verändern, aber jeder von uns kann sich bemühen, einen kleinen Teil der Entwicklung zu beeinflussen. Die Summe aller dieser Taten wird die Geschichte dieser Generation schreiben.

Robert F. Kennedy *1925–1968*

18. September

Nur der freie Mensch kann sein Gewissen zum Gesetz seines Handelns erheben, der Unfreie muß sich nach fremden Befehlen richten. Der freie Mensch kann den Gesetzen seiner eigenen Seele leben – statt den Gesetzen fremder Seelen. Dennoch bleibt er an Gesetze gebunden; auch er kann nicht tun, was er will, sondern was er soll. Wer Freiheit und Willkür verwechselt, der verliert bald die Freiheit, die er weder verdient noch verträgt.

Richard Coudenhove-Kalergi *1894–1973*

Im Mitmenschen begegnet uns mehr als bloß eine Arbeitsnummer, eine Leistungsmaschine, ein Gebrauchsgegenstand, ein kurzweiliger Zeitvertreib ... Im Mitmenschen begegnen uns ungeheure Werte ... In jedem Menschen ist das Gold verborgen, das Licht verborgen; in jedem Menschen sind Würde, Größe, Adel verborgen. Man muß nur hineinsehen lernen in den Kern des Menschen, dann wird man das Licht entdecken, dann wird man lieben können.

Franz König *geboren 1905*

Warte nicht auf eine spätere, gelegenere Zeit, denn du bist nicht sicher, ob du sie haben wirst. Die Zeit entschwindet dir unvermerkt . . . Darum versäumt, wer klug ist, keine Zeit und gibt die gegenwärtige Stunde, die ihm gehört, nicht unbenützt weg für eine andere, die noch nicht sein eigen ist.

Katharina von Siena 1347–1380

Das Lebensglück wird nur von dem errungen, der sich zu bändigen und zu bescheiden weiß, der seinen Egoismus überwindet und Rücksicht nehmen kann. Wenn heute so viel Lebensglück zerbricht, wenn so viele Ehen scheitern und in die Brüche gehen, dann kommt das nicht daher, daß die Konfliktstoffe von außen so ungeheuer sich gesteigert hätten. Die Wurzeln liegen tiefer. Sie reichen vielfach hinein bis in das junge Leben, wo der Mensch es hätte lernen sollen, sich zu beherrschen, seinen Eigensinn zu brechen, auf die Eigenwünsche zu verzichten, ein Du gelten zu lassen. Jeder wird seines Glückes Schmied nur dann, wenn er harte Schläge zu führen versteht gegen das eigene, ungeformte Ich.

Joseph Schröffer *geboren 1903*

Wenn wir Gott gefunden haben, bleibt in unserem Leben – einschließlich seiner profanen Bezirke – kein Stein auf dem andern: Menschen, die uns begegnen, Landschaften, durch die wir fahren, Pechsträhnen und Kümmernisse, die uns treffen, aber auch die Sternstunden unseres Lebens, wo uns Glück und Wonne fast zersprengen – es gibt nichts, worauf nicht ein ganz neues Licht fiele, wenn uns das Glück des Glaubens zuteil wird und wenn der Hintergrund unseres Lebens beruhigt ist, weil wir den Frieden mit Gott gefunden haben.

Helmut Thielicke *geboren 1908*

Es gibt nur ein einziges Problem: wiederentdecken, daß es ein Leben des Geistes gibt, höher stehend als das des Verstandes – das einzige Leben, das den Menschen befriedigt. Es geht über das Problem des religiösen Lebens hinaus, das nur eine Form davon ist, obwohl das Leben des Geistes vielleicht notwendig zu ihm führt. Das Leben des Geistes beginnt dort, wo über die Bestandteile hinaus, aus denen es besteht, ein Wesen als Einheit gedacht wird.

Antoine de Saint Exupéry *1900–1944*

Jeder Mensch hat gar vielen und großen Zwang von außen zu erdulden, ohne den es in keinem Leben abgeht. Ein kleiner, an der rechten Stelle angebrachter Selbstzwang jedoch beugt vielem Zwang von außen vor. Durch nichts entziehen wir uns so sehr dem Zwange von außen wie durch Selbstzwang.

Arthur Schopenhauer *1788–1860*

Die Angst entspricht, wie vieles Böse, in der Hauptsache dem Nichtstun. Wenn man etwas hat, dessentwegen man jeden Morgen aufstehen muß, dann hat man keine Zeit, sich um seine Angst zu kümmern, weil man zu beschäftigt ist. Natürlich ist die Angst noch immer da, aber man hat einfach keine Zeit, sie allzu ernst zu nehmen.

William Faulkner *geboren 1897*

Immer mehr erkennen wir heute, daß, je komplizierter menschliche Wissenschaften und Praktiken in der Bewältigung des modernen Lebens werden, wir um so mehr wieder hinkehren müssen zu den letzten, einfachen Grundlagen des Seins und aller Existenz: von Gott her und zu Gott hin, der die Liebe ist und uns in seine Liebe beruft. Für den Menschen heißt das: Er ist und bleibt ein Wesen, das Liebe braucht und Liebe sucht. Entweder findet diese Liebe zu ganzmenschlicher Erfüllung oder sie landet in schändlichen Fehlformen der Liebe, und dann leider sehr oft in der Gosse.

Gustav Ermecke *geboren 1907*

Die reinigende Kraft der Wahrheit ist so groß, daß schon das Streben nach ihr ringsum eine bessere Luft verbreitet; die zehrende Macht der Lüge so furchtbar, daß schon die Neigung zu ihr die Atmosphäre verdunkelt.

Arthur Schnitzler *1862–1931*

28. September

Der unverwischte, unbedingte Glauben schaut ruhig in das volle Antlitz des Todes. Denn er sieht in ihm überwältigend aufleuchten das Antlitz des Gottes, an den er glaubt: des Gottes der »Weite und Länge und Höhe und Tiefe«, des Gottes der »unbegreiflichen Gerichte und unerforschlichen Wege«. Weil es Gott ist, darum begründet sich vom Glauben her eine Philosophie, die vom Geheimnis des Todes her ihre festeste Begründung hat: jenseits der Geschöpflichkeit.

Erich Przywara *1889–1972*

Die Frage nach dem »Wohin« hat heute eine besondere Aktualität. Denn die Verzweckung des Lebens strebt einem Höhepunkt zu. Alles wird berechenbar und programmierbar gemacht. Der Mensch jedoch kann nicht nur für Zwecke leben. Er muß wissen, daß es hinter allen Zwecken einen Sinn gibt. Er kann auch nicht in dauernder Reflexion und Infragestellung leben. Er muß wissen, daß es Sicheres und Sicherheit gibt. Er kann auch nicht dauernd in einer Welt der Vernunft und des Intellekts leben. Er will sich auch am Schönen erfreuen und das Gute leben dürfen.

Franz Hengsbach *geboren 1910*

30. September

Der Friede ist die Frucht der Liebe; denn um in Frieden zu leben, muß man vieles ertragen können. Kein Mensch ist vollkommen; alle haben ihre Fehler; jeder Mensch drückt auf den andern, und die Liebe allein macht dieses Gewicht leichter. Die Liebe ist unermüdlich und unerschöpflich. Sie lebt und erneuert sich von selbst, und je mehr sie überströmt, um so voller wird sie.

Alphonse de Lamenais *1790–1869*

Die Schmerzen und die Freuden des Lebens, die Vielzahl der Notwendigkeiten, die unsere Art des Seins charakterisieren, verhindern meistenteils, daß wir uns Gedanken über unsere Situation machen, daß wir nüchtern untersuchen, was wir eigentlich sind, welches unser Ziel ist und vor allem, was wir wollen. Und doch ist es von höchster Wesentlichkeit, daß wir die einzige Eigenschaft, die wirklich wertvoll ist, bewußt zu nutzen verstehen: unsere einsichtige und freie Handlungsweise.

Alexis Carrel *1873–1944*

2. Oktober

Wir sollten bei allem Respekt vor den charismatischen Hochformen des Sittlichen die bescheideneren und unansehnlicheren Weisen des Menschseins nicht unterschätzen. Nüchternheit, Toleranz, Diskretion, Fairneß, Dankbarkeit, Absichtslosigkeit und vieles andere mehr sind lauter Einstellungen, die für die Kultivierung der konkreten Lebenswirklichkeit und damit für die Sicherung der bleibenden Werte des Menschseins unerläßlich sind.

Alfons Auer *geboren 1915*

Der Glaube ist niemals und nirgends in der Geschichte der Menschen ein gesicherter Besitz, wie ein Bankkonto, das man einfach abheben kann, wenn man Geld braucht. Wahrer Glaube ist immer angefochtener Glaube, der von der Ohnmacht des Menschen zur Vollmacht Gottes seine Zuflucht nimmt. Echter Glaube hat immer den Unglauben als verfolgenden Schatten hinter sich. Rechter Glauben wird täglich empfangen und geschenkt.

Georg Lanzenstiel *geboren 1907*

Wo Liebe ist und Weisheit, da ist weder Furcht noch Unwissenheit. Wo Geduld und Demut ist, da ist weder Zorn noch Erregung. Wo Ruhe und Besinnung ist, ist weder Verwirrung noch Unrast. Wo Furcht des Herrn ist, da hat der Feind keinen Zutritt. Wo Erbarmen und Klugheit ist, da ist weder Übermut noch Härte.

Franz von Assisi *1182–1226*

Mit dem Reden allein ist es nicht getan. Mit dem Vielerlei, das man täglich liest und hört, kann man gar nicht fertig werden, wenn man nicht immer wieder in der Stille seinen eigenen Standpunkt im Wirrwarr der Meinungen überprüft, wenn man nicht selbst die Unterscheidung zwischen richtig und falsch, wichtig und unwichtig findet. Nur in der Stille reifen eigene Gedanken und Überzeugungen. Gerade die letzten und tiefsten Entscheidungen des Lebens kann und muß der Mensch in der Stille finden und fällen.

Alois Schrott *geboren 1903*

Die Freiheit des Andersdenkenden nicht nur zu dulden, gar zu erdulden, sondern an ihr interessiert zu sein – das wäre ein Element einer modernen Toleranz. Darin kann der Grundsatz einer Selbstbeschränkung stecken. Es könnte ja sein, daß ich unrecht hätte oder doch teilweise gegen dich im Unrecht wäre. Ich bin nicht allwissend und nicht vollkommen, und vor allem: Ich bin für eigene Wandlungen und neue Erkenntnisse offen.

Walter Dirks *geboren 1901*

Wie wir sind, so handeln wir. Was wir tun, das tut man an uns. Wir sind die Schmiede unseres Glücks. Heuchelei und Lüge und der Versuch, uns Güter zu verschaffen, die uns nicht zukommen, sind ein für allemal aussichtslos und vergeblich. Im Menschen sind Treue und Glauben zum Leben erwacht. Denn das ethische Gesetz ist die Grundlage des menschlichen Geistes.

Ralph Waldo Emerson *1803–1882*

Jede Epoche muß sich den Zugang zu Jesus neu bahnen. Denn eine jede sieht sich mit Lessing durch den »garstigen breiten Graben« der seit seinen Lebzeiten vergangenen Jahrhunderte von ihm getrennt . . . Jede Epoche muß sich den Weg zu Jesus selbst bahnen. Deshalb geht auch eine jede von ihnen ihren eigenen Weg. Anleihen nützen hier wenig oder nichts. Denn wie jede Lebenswirklichkeit muß auch das Christentum jederzeit neu hervorgebracht werden.

Eugen Biser *geboren 1918*

Der Grund aller wirklichen Freude liegt immer außer uns. Tiefste Freude des Menschen ist allemal die, einen anderen Menschen oder gar mehrere, viele Menschen glücklich zu machen. Und Glück ist wiederum nichts anderes als bleibende Freude. Wer Freude verbreitet, hat Freude.

Johannes Christoph Hampe *geboren 1913*

Es wird viel diskutiert und geredet, und dabei wird vieles zerredet. Wenn wir uns das, was gesprochen wird, etwas näher besehen, machen wir eine interessante Feststellung: Es werden sehr oft Forderungen erhoben. Diese Forderungen sind aber zumeist an die Adresse von anderen gerichtet. Es ist sehr selten, daß einer etwas von sich selbst fordert.

Friedrich Wetter *geboren 1928*

Das Band der Freundschaft kann nur wenige Menschen miteinander verbinden, alle Menschen aber sollen miteinander verbunden sein durch das Band gegenseitiger Freundlichkeit . . . Der freundliche Mensch weiß, daß alle Menschen auf Grund ihrer Wesensgleichheit zueinander gehören und darum auch entsprechend umgehen sollen. Denn: ohne Freude kann der Mensch nicht leben. Die Freundlichkeit aber schenkt Freude.

Heinrich Klomps *geboren 1924*

12. Oktober

Beim Auftreten aller Gefahren gilt das Wort: Widerstehe den Anfängen! Je länger man einem Übel Zeit läßt, sich zu entfalten, um so schwerer wird es, es wieder auszurotten. Dies gilt für die Erziehung von Kindern, für das Leben des Staates und in besonderer Weise im sittlichen Leben des einzelnen ... Nichts ist irriger als die Vorstellung: Man muß vieles sich austoben lassen und mit Geduld warten, bis es von selbst abflaut.

Dietrich von Hildebrand *geboren 1889*

Wenn jemand gegen dich fehlt, dann bedenke alsbald, was er für gut oder böse hielt, als er gegen dich fehlte; denn wenn du das erkannt hast, wirst du Mitleid mit ihm haben und dich weder über ihn wundern noch ihm zürnen. Denn entweder hältst du auch selber noch dasselbe wie er für gut oder etwas Ähnliches. Du mußt ihm also verzeihen. Wenn du aber nicht mehr derartige Dinge für gut und böse hältst, wirst du um so leichter milde gegen den Irrenden sein.

Marc Aurel *121–180*

Das eigene Leben anzunehmen, so wie es ist, ja zu ihm zu sagen, das ist schon in den Tagen der Gesundheit eine große Aufgabe. Ständig haben wir etwas zu überstehen, eine Aufgabe zu meistern, ein Ziel zu erreichen. Aber unser Leben darf nicht einfach darin bestehen, zu warten, bis das Ziel erreicht ist. Leben heißt auch ja zu sagen zu der Stunde, in der wir gerade stehen. Jede Stunde hat ihren tiefen Sinn in sich selbst. Freilich braucht es ein wenig Geduld mit sich selbst, es braucht Besinnung, das Jetzt unseres Lebens jeweils anzunehmen, dankbar zu leben und den Quellgrund der Freude dieses Augenblicks aufzuspüren.

Julius Döpfner *geboren 1913*

Es gehört zum Wesen aller Religion, daß in ihr der Mensch sich in einer Relation zu einem Übermenschlichen weiß, die nicht eine einseitige, sondern eine gegenseitige Beziehung ist. Religion ist ein Gemeinschaftsverhältnis zwischen einem Wesen, das der Mensch über sich weiß; aber als Gemeinschaft ist sie lebendige Beziehung des Empfangens, Gebens und Wiedergebens, Gemeinschaft von Gott und Mensch wie von Mensch und Gott.

Theodor Steinbüchel *1888–1949*

Das Wort »Freude« ist mit »froh« verwandt, mit Fröhlichkeit. Sie ist kein Nachgeben und Sinken, sondern ein schöpferisches Steigen. Freude ist eine geistige Bereicherung. Freude beschwingt die Phantasie. Freude bedeutet Sammlung, Erhöhung der schöpferischen Kräfte, mutigen Blick in die Wirklichkeit. Freude breitet sich aus, überträgt sich.

Heinrich Jansen Cron *1891–1956*

Es ist nicht auszudenken, wieviel Unheil tagaus, tagein durch leichtfertiges Reden über andere Leute, durch mehr oder weniger boshaften Klatsch angerichtet wird ... Klatsch ist nicht eine harmlose schlechte Gewohnheit, sondern ein besonders widerwärtiges gemeingefährliches Laster ... Wie sehr leidet das menschliche Miteinander unter der allgemeinen Neigung, übereinander statt miteinander zu reden, ähnlich wie die Frömmigkeit daran krankt, daß wir über Gott, aber nicht mit Gott reden.

Wilhelm Stählin *geboren 1883*

18. Oktober

Niemals halten wir uns an die Gegenwart. Wir nehmen die Zukunft vorweg, als käme sie zu langsam, als wollten wir den Gang beschleunigen; oder wir erinnern uns an die Vergangenheit, wie um sie aufzuhalten, da sie zu rasch entschwindet: Torheit, in den Zeiten umherzuirren, die nicht unsere sind, und die einzige zu vergessen, die uns gehört ... Nur das Gegenwärtige ist es, das uns gewöhnlich Kummer macht.

Blaise Pascal *1623–1662*

Mißtrauen ist eine Sprengladung für jede Freundschaft und Liebe. Wer den Glauben des andern immer nur in Frage stellen, wer immer neu sein Vertrauen »hinterfragen« würde, der kommt erst gar nicht zum Vertrauen und zur Liebe . . . Ich kann den andern nicht erklären und verstehen, wie ich eine Maschine verstehen oder erklären kann. Der Glaube an einen anderen Menschen ist zuletzt ein Akt meines ganzen menschlichen Herzens.

Lorenz Jaeger *geboren 1892*

Wenn die einen schon aufbrechen, diese unsere alte Erde zu verlassen, um auf dem Mond zu landen, dann sollen die andern, die Mehrzahl, die immer hier zurückbleiben wird, erst recht die Verantwortung spüren, mit ebensoviel Mut, Beharrlichkeit und ebenso vielen heroischen Verzichten daran zu arbeiten, daß diese alte Erde freier werde von Krieg, Hunger, Elend und gräßlichem Unrecht. Sonst würde dieser Tag eine Anklage sein: Eure Intelligenz hat den Weg zum fernen Mond gefunden, aber euer Herz kannte den Weg zum Elend eures Bruders nicht.

Karl Rahner *geboren 1904*

Deine schlimmsten Feinde sind keineswegs die Leute, die anderer Ansicht, sondern die der gleichen sind wie du, aber aus verschiedenen Gründen, aus Vorsicht, Rechthaberei, Feigheit, verhindert sind, sich zu dieser Ansicht zu bekennen.

Arthur Schnitzler *1862–1931*

Keinen besseren Gebrauch kann man von den Erdengütern machen, als sie in den Dienst erbarmender Liebe zu stellen. Dadurch kommen sie gleichsam wieder in Gottes Hand zurück, der ihr Anfang und Ziel ist.

Vinzenz von Paul *1581–1660*

Die Abrüstung der Geister muß der Abrüstung der Waffen vorausgehen oder doch gleichen Schritt halten. Hierzu bedarf es der gegenseitigen menschlichen, nicht rein diplomatischen Annäherungen. Man muß sich kennenlernen, um sich besser verstehen zu können.

Robert Schuman *1886–1963*

24. Oktober

Glauben heißt vor allem der Wahrheit gehorchen, die sich dem inneren Menschen bezeugt. Dic Wahrheit liegt nicht auf der Oberfläche und wird nicht von Menschen gemacht, die Wahrheit ist vor uns da und will nur gefunden und anerkannt werden – von redlicher Gesinnung, unabhängig von menschlichen Interessen und Gefühlen, unabhängig von günstigen oder ungünstigen Erfahrungen mit Menschen. Ein jeder hat es zutiefst mit Gott zu tun. Religion ist Begegnung von Gott und Seele.

Otto Karrer *geboren 1888*

Kein Leben steht für sich allein. Kein Leben, das nicht von anderen beeinflußt und geprägt würde. Kein Sieg im Herzen der Menschen, der etwa seine Selbstsucht oder seine Bequemlichkeit überwunden hat, kein Sieg, der nicht auch die Menschheit als Ganzes näher zum Gipfel führt. Aber auch umgekehrt: kein Versagen, kein Leichtsinn, keine Gleichgültigkeit, kein Verrat, kein Sichverweigern, das nicht die Atmosphäre dieser Welt negativ verändern würde.

Odilo Lechner *geboren 1931*

26. Oktober

Mensch sein heißt ganz speziell: verantwortlich sein. Es heißt schamrot werden vor einem Elend, auf das wir scheinbar keinen Einfluß haben. Es heißt stolz sein über einen Sieg, den die Kameraden errungen haben. Es heißt einen Sinn dafür haben, daß man am Bau der Welt mitwirkt, wenn man seinen Stein einsetzt.

Antoine de Saint-Exupéry *1900–1944*

Die inneren Werte zurückzuholen ist für uns alle eine unaufgebbare Pflicht. Dazu eignet sich vor allem der Sonntag. Er läßt uns zu Stille und Sammlung, zum Hören und Nachdenken, zum Beten und Feiern kommen. Er ist nicht nur Abwesenheit der Arbeit und Möglichkeit von Erholung, sondern ein Zustand des Lebens, in welchem die Hoheit Gottes hervortritt und den Menschen frei macht. Verschwindet der Sonntag, verliert er seine Seele, dann bedeutet das einen weiteren und entscheidenden Schritt zur Veräußerlichung und zur Verarmung des Menschen.

Hermann Schäufele *geboren 1906*

Wir sind vom ewigen Rätsel so dicht umdrängt, daß man ein Tier sein müßte, um es sich nur einen Tag lang aus dem Sinn zu schlagen. Keinen Tag, seitdem ich wach bin, habe ich nicht an den Tod und an das Rätsel gedacht . . . Der Mensch ist ein Wesen, welches am Geiste teilhat; das Religiöse in ihm liegt in seiner Zweiheit aus Natur und Geist beschlossen. Die Stellung des Menschen im Kosmos, sein Anfang, seine Herkunft, sein Ziel, das ist das große Geheimnis, und das religiöse Problem ist das humane Problem, die Frage des Menschen nach sich selbst.

Thomas Mann *1875–1955*

In Zeiten der Not und des Aufbaus ist die Geschichte noch immer ein Mittel gewesen gegen die Resignation. Sie zeigt, daß die großen Momente im Kampf der einzelnen eine Kette bilden, daß in ihnen ein Höhenzug der Menschheit durch die Jahrhunderte hindurch sich verbindet und daß der höchste eines solchen längstvergangenen Momentes noch lebendig, hell und groß ist. Hier liegt der hohe Sinn des historischen Erkennens gerade für die Gegenwart. Denn aus der unendlichen Fülle des überlieferten Stoffes muß die Gegenwart eine Auswahl treffen, wenn sie nicht immer wieder in der Masse versinken will.

Franz Schnabel *1887–1966*

30. Oktober

Höflichkeit verhüllt die Schroffheiten unseres Charakters und verhindert, daß andere dadurch verletzt werden. Man sollte sie niemals ablegen, selbst nicht im Kampf gegen rohe Menschen.

Joseph Joubert *1754–1824*

Der christliche Glaube zeichnet sich dadurch aus, daß er bei der Beschäftigung mit dem Transzendenten sagen kann: Die Herrschaft Gottes vollzieht sich mitten unter uns. Das heißt doch nichts anderes als: Die Transzendenz, der wir begegnen, ist eine erfahrbare Größe, etwas, das uns herausfordert und befreit und als überraschende und neue Perspektive in unser Leben einbricht.

Harvey Cox *geboren 1929*

1. November

Die Heiligen sind keine Superstars moralischer oder sozialer Leistungen. Diese Sicht verdeckt ihr Wesen. Die Liebe allein weist den Weg zum Verständnis. Sie suchen nicht das grelle Licht der Öffentlichkeit. Nur Gott ist für sie maßgebend. Ihm wollen sie gefallen; das was er liebt, unternehmen sie, ganz gleich, wohin dann der Weg führt. Von ihm her können sie Unwesentliches vom Wesentlichen unterscheiden. So vollbringen sie eine wirklich fruchtbringende Veränderung der Welt, indem sie sich von Gott bewegen lassen.

Virgil Kinzel *geboren 1910*

Jeder aus der Menge der Menschen hatte nicht nur in seinem Erdenleben eine Seele, sondern hat noch eine Seele, die zu gegebener Zeit nur zu Gott, der sie gab, zurückkehrte, die aber nicht unterging, sondern jetzt vor Ihm lebt. Alle diese Millionen und Millionen menschlicher Wesen, die eines um das andere über die Erde gingen und die Sonne erblickten, sind auch heute noch allesamt am Leben ... Sie leben, aufbewahrt für einen Tag, der kommen wird, wenn alle Nationen vor ihrem Gott stehen werden.

John Henry Newman *1801–1890*

Wenn wir Menschen nicht nur nebeneinander, wenn wir füreinander leben wollen, müssen wir miteinander ins Gespräch kommen. Das Gespräch – so verstanden – ist weder ein Luxus noch eine Beigabe; es ist notwendige Voraussetzung und tragender Bogen des gemeinsamen Lebens. Wer mit seinem Mitmenschen ins Gespräch kommen will, muß an sich selbst strenge Forderungen stellen. Er muß sich zum Gesprächspartner erziehen.

Rochus Spiecker *1921–1968*

Es ist eigenartig, daß der Mensch nicht neutral zu sich stehen, sich selbst erfassen kann, sondern: Sich selbst erkennen ist immer ein Sichselbst-Bewerten, ein sittliches Beurteilen. Inwieweit der Mensch die Kraft dazu hat, insoweit erkennt er sich selbst. Der Mensch mag nicht gern an sich sehen, was er verurteilen müßte . . . Diese tiefbedeutsame Tatsache zeigt uns, daß Selbsterkenntnis nur von letzten Maßstäben, von Gott her, geschehen kann.

Georg Feuerer *1900–1940*

Die Gesellschaft kann nur bestehen, wenn der einzelne die Opfer bringt, die die Gesetze von ihm verlangen. Wenn man die Vorteile, die sie bringen, annimmt, so verpflichtet man sich, auch die Grundlagen aufrechtzuerhalten, auf denen sie ruhen.

Honoré Balzac *1799–1850*

Zeiten, in denen für den Sonntag kein Platz mehr war, sind nie Epochen des wahren Fortschritts für den Menschen gewesen. Wenn man heute nach Helfern ruft, um die sozialen Fragen zu beantworten und zu lösen, muß man auch nach dem Sonntag rufen. Man sollte den Ruf des Sonntags gelten lassen und, soweit das möglich ist, Herz und Hände frei machen für das, was er ruft. Wo dieser Ruf bewußt überhört wird, hat der Mensch ein Fehlurteil gesprochen, nicht nur über den Sonntag, sondern auch über sich selbst.

Hans Fruhstorfer *1907–1957*

Hilf jedem anderen, soviel du nur kannst! Wenn die Sonne hell strahlt, ist sogleich die Natur ringsum anders. Wenn die Luft von Güte und Wohlwollen erfüllt ist, wieviel glücklicher sind die Menschen! Etwas mehr Sonne, Licht, Wärme, Güte, Liebe in das Leben hineingeben! Das verändert und rettet die Welt.

Adolf Donders *1877–1944*

Die Zeiten haben sich geändert – sagen die Menschen. Die Zeiten aber, muß man bedenken, sind nur abstrakte Vorstellungen der Geschichtsschreiber; in Wirklichkeit existieren nur die Menschen mit ihren oft absurden Passionen und mit ihren oft verhängnisvollen Interessen. Sie sind es, welche die Epoche gestalten; sie sind es, die sich, oft zum Schlechteren, verwandeln und nicht »die Zeiten« oder »das Zeitalter«.

Giovanni Papini *1881–1956*

9. November

Unmöglich kann dies Erdenleben ein letzter Zweck sein. Wir haben ja nicht um dasselbe gebeten, es ward uns gegeben, auferlegt. Eine höhere Bestimmung müssen wir haben, als etwa den Kreislauf dieses Daseins immer wieder zu erneuern ... Wozu die tausend Fäden von Liebe und Freundschaft, die uns mit Gegenwart und Vergangenheit verbinden, wenn es keine Zukunft gibt, wenn alles mit dem Tode aus ist?

Helmut von Moltke *1800–1891*

Jedes Menschen Leben ist unter vielerlei Polaritäten gestellt. Jeder der beiden Pole macht seinen Einfluß geltend oder sollte es wenigstens tun. Wer die schwebende, nicht die geometrische Mitte zwischen ihnen halten kann, der vollendet den Sinn seines Lebens. Nicht Einseitigkeit bedeutet Lebensfülle. Im Gegenteil. Einseitigkeit bringt Krampf und Erlahmung, weil Verengung des Lebens.

Heinrich Jansen Cron *1891–1956*

Oft fühlt sich der Mensch gewissen Überzeugungen verbunden. Er tut dies nicht etwa deshalb, weil er diese teilt, sondern aus dem Grunde, weil es gut ist, diesem Milieu anzugehören, weil es eine Stellung einbringt, weil es Ansehen und oft auch Einkommen in der Welt zur Folge hat.

Fjodor Michailowitsch Dostojewski 1821–1881

Wir merken mit Schrecken, wieviel Gift in die öffentliche Meinung und in das Urteil der Menschen gespritzt ist. Behauptungen, stets von neuem wiederholt, hängen eben doch an, ohne daß man merkt, wie sehr sich der Gesichtswinkel verschoben hat. Es muß wieder viel Gift aus den Menschenurteilen heraus, und gerade die junge Generation sollte sich mit Gewalt frei machen von so manchem, was propagiert und geübt wurde. Das Elend des Hasses schreit nach Brüderlichkeit.

Wilhelm Weskamm *1891–1956*

Geschichte ist Gottes Brückenbau über unerhörte Abgründe. Wir müssen über die Brücke gehen. Aber einen jeden Tag wächst sie vielleicht nur um die Länge eines Schrittes. Diesen Schritt müssen wir tun. Die Brücke wird weiterwachsen. Wir gehen in eine andere, eine ganz fremde Welt. Wir sollen im täglichen Leben bestehen, nicht in der Zukunft. Der Entschluß, das heute zu bestehen, ist der Anfang der neuen Form.

Reinhold Schneider *1903–1958*

Der sinnvoll verlebte Sonntag ist nicht Langeweile, sondern Freiheit. Zunächst Freiheit von etwas, nämlich von der täglichen Erwerbsarbeit. Der Mensch braucht das Ausruhen, die Erholung. Dazu kommt die Freiheit für etwas. Die Entspannung soll uns Kraft geben, die übrige freie Zeit zur Muße, die unser Leben bereichert, zu verwenden. Gerade in einer vom technischen Fortschritt geprägten Zeit sollten sich die Menschen am Sonntag dem Geistigen zuwenden.

Joseph Höffner *geboren 1906*

Der Mensch soll Gott dienen nicht nach seinem Willen, sondern nach Gottes Willen in allen Dingen von innen und außen. Wohin der Mensch geht, was er tut, er hat keine Sicherheit, keine Gewißheit, sobald er Gott nicht in sich hat. Hat der Mensch sich aber vorgesehen und die Burg gut besetzt, so können die Feinde sie nicht einnehmen.

Johannes Tauler *1300–1361*

Der Friede hängt nicht allein, ich möchte fast sagen, nicht einmal in der Hauptsache, von den führenden Staatsmännern ab, sondern von den einzelnen Gliedern der Weltbevölkerung. So besteht die dringliche Aufgabe, die der Menschheit heute gestellt ist, darin, den Frieden zu sichern durch Liebe, durch Üben der Wahrheitsliebe in der Nächstenliebe.

Augustin Bea *1881–1968*

Mensch sein ist nach Gottes Gedanken ein formendes Gestalten des Materials, das mir von innen und außen zukommt. Es ist ein mehr oder weniger künstlerisches Ausdrücken und Ausbilden, jedenfalls etwas, das nie im Chaos gelingt, das ein Gleichgewicht der Kräfte bildet, das vom Geist auf eine Ordnung, ein Leitbild, ein Ziel hin entworfen wird. Es ist etwas Aktives, das nicht in Passivität ersticken darf, in der bloßen Verbrauchermentalität, in der unsere Wünsche unsere Herren werden. Gott hat uns anspruchsvoll erschaffen, zur Freiheit, zum Ernst eigener Verantwortung.

Hermann Zeller *geboren 1914*

Das Gebet ist nicht eine Schwäche, sondern unsere höchste Kraft. Es ist nicht eine Autosuggestion des notleidenden Menschen, sondern die Urfunktion des Geistes. Alle Fragen der Weltanschauung sind in der einen Frage zusammengefaßt, ob das Gebet wirkungslos verhallt oder ob es erhört wird. Bei uns allen wird darum in der Stille die Entscheidungsschlacht darum geschlagen. Wie unser Gebet ist, so ist unsere Arbeit, so ist unser Einfluß auf unsere Mitmenschen, so ist unsere Stellung zu allen theoretischen und praktischen Fragen.

Karl Heim *1874–1958*

19. November

Der Himmel möge mir das Glück erhalten, mich täglich über das Lokale und allzu Persönliche ins Unendliche und Ewige erheben zu können, will heißen, vom zeitlichen ins ewige Schicksal.

Gerhart Hauptmann *1862–1946*

Es fehlt nicht an Leuten, die eine feine, mit dem Firnis der Menschenliebe überglänzte Sitte für Tugend ausgeben, auch nicht an solchen, die den Menschen seiner Lust preisgeben, um ihn glücklich zu machen. Daraus entspringt eine höchst wichtige Regel: Modle ja nicht die gesunde Moral deines Herzens nach der Moral in Schriften, ohne diese genau geprüft zu haben, sondern beurteile die Moral in Schriften nach der gesunden Moral deines Herzens.

Johannes Michael Sailer *1751–1832*

21. November

Das ganze Glück des Menschen und selbst seine Gesundheit hängt von seinem sittlichen Zustand ab. Und da die Gesellschaft nicht im Leeren, nicht aus sich selbst existiert, sondern aus Einzelmenschen besteht, können die Gesellschaftsprobleme letztlich nur in bezug auf das sittliche Leben des Einzelmenschen gelöst werden. Sind die Bürger gesund, so ist auch der Staat gesund. Sind die Bürger wilde Tiere, so wird der Staat zum Dschungel.

Thomas Merton *1915–1968*

Ich glaube, daß die Krankheiten Schlüssel sind, die uns gewisse Tore öffnen können. Ich glaube, es gibt gewisse Tore, die einzig die Krankheit öffnen kann. Es gibt jedenfalls einen Gesundheitszustand, der es uns nicht erlaubt, alles zu verstehen. Vielleicht verschließt uns die Krankheit einige Wahrheiten; ebenso aber verschließt uns die Gesundheit andere oder führt uns doch davon weg, so daß wir uns nicht mehr darum kümmern ... Die noch nie krank waren, sind des Mitgefühls für eine ganze Anzahl Elendszustände nicht fähig.

André Gide *1869–1951*

Die Hauptsache ist die ruhige Freudigkeit des Gewissens, und die findet man am besten dadurch, daß man sich alle Tage Gott und seinem Rufe zur Verfügung stellt.

Anton Heinen *1869–1934*

Man muß die schrankenlose, unbegrenzte Gewißheit haben, daß das, was von Gott kommt, das Bessere ist, selbst dann, wenn es vom menschlichen Standpunkt aus als das Schlechtere erscheint. Ich habe dies oftmals in meinem Leben gesehen, und ich habe mir aus dieser Erfahrung eine Hingabe ohne Maß an den Willen Gottes erworben, die heute meine Stärke bedeutet.

Dominique Lacordaire *1802–1861*

Die köstlichsten, ja die einzigen festen Grundsätze sind die, welche man sich durch die eigene Erfahrung, durch eigene Überzeugung gewonnen hat ... Mit welcher Überzeugung wendet man nicht die eigenen Erfahrungen an, indes die fremden, wenn noch so lange vorgepredigten nur mechanisch, ohne letztes Ergreifen befolgt werden!

Gottfried Keller *1819–1890*

Die eigentliche und schwerste Aufgabe des Menschen ist es, innerlich mit sich und dem Leben in der rechten Weise fertig zu werden. Es ist die Aufgabe, die über seinen Wert entscheidet, die ihm niemand abnehmen kann und für die er selbst verantwortlich ist. Es ist eine beschwerliche Aufgabe. Aber sie ist uns einmal von einem Höheren gestellt; wir müssen sie lösen.

Max Pribilla *1874–1956*

Die Erneuerung kann nur aus dem Geiste und aus der Liebe kommen. Sie ist überall wirksam. Nur wer vergeben kann, vermag auch den Frieden in sich selbst zu erreichen, und wer den Frieden in der Welt erreichen will, muß erst Frieden in sich selbst schaffen.

Max Tau *geboren 1897*

Wer begreift, daß es das Wesen der Geschichtlichkeit ist, das Vergangene immer neu aufzunehmen und in neuer Abwandlung das Ganze wieder darzustellen, der schielt nicht immer geradezu nach rückwärts und sucht von da Weisung. Die stolzeste Vergangenheit hilft gar nichts, wenn keine lebendige Wirklichkeit das Versunkene neu erstellt.

Alfred Delp *1907–1945*

Die erste Pflicht besteht darin, Gott zu lieben aus seinem ganzen Herzen und über alles; die zweite, alle Menschen zu lieben, wie sich selbst. Aus dieser Nächstenliebe ergibt sich von selbst das dreifache Gesetz der Brüderlichkeit, der Gleichheit, der Freiheit.

Charles de Foucauld *1853–1916*

In einer Demokratie muß jeder für sich und auf seine eigene Verantwortung hin sprechen. Es ist eine große und gewichtige Verpflichtung, die weder durch die Männer am Katheder, in der Presse, in der Regierung oder durch die Meinungen der Politiker beiseite geschoben werden kann. Jeder muß für sich selbst allein entscheiden, was recht und was falsch ist und welche Sache dem Gemeinwesen nutzt oder schadet. Etwas gegen deine Überzeugung zu entscheiden, ist verantwortungslos sich selbst und dem Lande gegenüber.

Mark Twain *1835–1910*

Es gibt nichts Besseres als die Güte. Der menschliche Geist kennt durchaus andere hervorragende Gaben, aber keine von ihnen ist vergleichbar der Güte. Sie spiegelt das eigentliche Wesen des menschgewordenen Sohnes Gottes und dessen, was er uns gelehrt und vorgelebt hat, wider, nämlich die Ausübung der brüderlichen Liebe und der Geduld, die Beständigkeit des Mitgefühls, des Erduldens, der Beherrschung des eigenen Charakters und des disziplinierten Verhaltens in den Beziehungen des gesellschaftlichen Lebens. Sind wir von der Güte durchdrungen, so werden wir im Leben mit größerer Sicherheit dahinschreiten und Not und Elend unseres Erdenlebens besser überwinden.

Johannes XXIII. *1881–1963*

Die Wirklichkeit heute ist grauenvoll. Aber, ob wir nun wollen oder nicht, unsere Aufgabe bleibt es, diese Wirklichkeit zu bearbeiten und zu formen. Laßt uns die Ärmel aufkrempeln und an die Arbeit machen. Unsere Leistung wird nur um so wertvoller sein. Seien wir mutig, am Ende des dunklen Tunnels werden wir bestimmt Licht finden, aber nur wenn wir unseren Marsch durch das Dunkel ohne Ermatten, ohne einzuhalten fortsetzen. Nur etwas kann uns führen inmitten der Finsternis: die Liebe!

Niko Kazantzakis *1887–1957*

Frei werden für Gott. Das bedeutet nicht Tod, sondern Leben, nicht Armut, sondern Reichtum. Es wird der äußere Mensch aufgerieben, damit der innere erneuert werde. Nur im Dunkel der Nacht sehen wir die Sterne des Himmels. Es bedeutet, daß wir uns dem ewigen Leben zuwenden sollen. Nicht vom Brote allein lebt der Mensch . . .

Robert Grosche *1888–1967*

Die Wahrheiten des Glaubens stehen nicht als tote und kalte Sterne über unserem Leben, die uns nur hinzeigen auf eine höhere Welt und auf das unvergängliche Leben. Sie sind Lichter, die Leben und Segen ausgießen über uns. Sie ermutigen uns in allen Schicksalen und Lagen des Lebens. Sie stehen tröstend und stärkend über uns. Sie rufen uns zu, daß derjenige, der die Sterne des Himmels ihre großen Bahnen führt, auch die Wege des menschlichen Lebens leitet. Sie ermuntern uns, auf seine Hilfe zu bauen in allen Lagen des Lebens.

Josef von Ehrler *1833–1905*

5. Dezember

Ich sehe immer die gute Seite der Dinge. Es gibt Menschen, die nur das Schwere wahrnehmen. Bei mir ist es genau umgekehrt. Habe ich nur Leiden, ist der Himmel so schwarz, daß ich keinen Lichtstrahl sehe, nun gut, dann mache ich mir daraus eine Freude.

Therese von Lisieux *1873–1897*

Daß wir Gott gehorchen und vertrauen und daß wir darin frei werden zum Gehorsam und Vertrauen untereinander, das ist der Weg, auf dem allein wir sicher und getrost gehen können. Das ist die Wahrheit, in der allein wir mit uns eins sein können, und das ist das Leben, in dem allein sich unser gottgeschaffenes Wesen erfüllen kann.

Friedrich Gogarten *geboren 1887*

Nicht überreicher Besitz von allerlei Sachen macht das Glück aus und ebensowenig die Befriedigung verschiedenartiger Wünsche. Es beruht vielmehr auf zwei Dingen, und die heißen: erstens ein allbeherrschendes Ziel im Leben, und zweitens die Überwindung der Ichbezogenheit und Selbstsucht.

Fulton J. Sheen *geboren 1895*

Seht die Pfeiler unserer Münster, wie viele Generationen sind in den Augenblicken vielleicht ihrer besten Gefühle durch sie hindurchgeströmt wie die Wellen des Stromes durch die Bogen der Brücke. Sie sind vorübergezogen, und andere werden kommen, die noch nicht geboren sind. Sie sind schweigend in den Menschenfluten gestanden und sind heute, was sie vor Jahrhunderten gewesen. So stehen die Grundpfeiler von Religion und Ethik in der Geschichte, sie zieht hindurch, umspült sie, brandet an ihr ab und reibt sie glatt, vermag aber nicht, sie zu erschüttern; denn ihr Bau ist nicht Menschenwerk, sondern Gottes Anstalt.

Joseph Görres *1776–1848*

Alles, was wir haben und sind, hergeben um Dienste der Liebe, das läßt unser Leben mit den größten Schätzen an Freude und wahrem Glück erfüllt werden. Versuchen wir es nur. Jeder Tag bietet hundert Gelegenheiten im großen und kleinen, namentlich in der Stille.

Adolf Donders *1877–1944*

Jede Ehe kann in der guten wahren und schönen Weise geführt werden, sogar jene, die ohne Liebe eingegangen wurde. Denn die Ehe ist ein urtümliches Phänomen – Gott selber aber ist der Urtümlichste, und darum geht auf alles, was urtümlich ist, ein Segen aus. Kein Phänomen hat so sehr wie das Phänomen der Ehe das Urtümliche bewahrt, keines lebt so sehr wie die Ehe immer wieder vom Urtümlichen her, und deshalb ist der Segen des Urtümlichen am allermeisten über dem Phänomen der Ehe.

Max Picard *1888–1965*

Ein Kind erziehen bedeutet heute, es darauf vorzubereiten, was es in der Welt außerhalb der Familie erleben wird, bedeutet, es auf das Unvorhersehbare vorzubereiten. Eines ist dabei für die Eltern sicher: Sie haben Autorität bei ihrem Kind nur in dem Maße, in dem sie ihm Liebe und Wahrheit vorleben. Eltern müssen sich ihren Kindern gegenüber als Männer und Frauen des Glaubens erweisen, durch den Mut ihrer gegenseitigen Treue, durch die Qualität ihres persönlichen Lebens und durch das Zeugnis ihres Gebets.

François Marty *geboren 1904*

Unser irdisches Leben macht Versprechen, die es nicht erfüllt. Es verspricht Unsterblichkeit, aber es ist sterblich; anderseits birgt es Leben im Tod und Ewigkeit in der Zeit. Die Größe ihrer Gaben im Gegensatz zu der Kürze der Zeit, die zu ihrem Gebrauch gewährt ist, zwingt dem Geist den Gedanken an ein anderes Leben auf, als an das fast notwendige Gegenstück und als eine Folgerung aus dem jetzigen Leben, ja als etwas, das mit Sicherheit hineingelegt ist in dieses Leben . . .

John Henry Newman *1801–1890*

Das Gewissen ist das innere Urteil über den sittlichen Wert oder Unwert unserer freigewollten Handlungen und Gesinnungen. Es ist der unzertrennliche Gefährte des Menschen: Mahner und Warner vor der Tat, Zeuge und Protokollführer bei der Tat, Verteidiger, Ankläger und Richter nach der Tat. Im Gewissen besitzt der Mensch die nächste und letzte innere Norm seines Verhaltens.

Max Pribilla *1874–1956*

Gottes Spuren, das Ewige selbst, ist die Liebe. In ihr ist der Inbegriff allen Glücks auf der Erde geborgen. Sie bleibt der unsterbliche Motor all dessen, was groß und schön und lebenswürdig ist. Der Motor all dessen, was das Zusammenleben der Menschen erträglich macht. Sie steht am Anfang jeder Kultur und am Ende.

Kurt von Schuschnigg *geboren 1897*

Täglich stehen wir am Scheideweg, vor neuer Entscheidung. Das Gewissen legt uns die Antwort vor, jedesmal ganz persönlich, sofern einer nicht mit dem Geröll dieser Erde und mit dem Gestrüpp menschlicher Irrungen diese Stimme seiner Seele verdeckt hält. Durch das Gewissen des Menschen wird die Frage, was wir tun sollen, eine immer neue Antwort brauchen, die dann zur entschlossenen Tat führen muß: sei es in der Beendigung einer Ungeordnetheit oder im geduldigen Ertragen einer Not oder im Ausschreiten auf ein Ziel hin, auf Gott zu.

Heinrich Straub *geboren 1917*

Der Dialog ist eine der Formen unserer Kultur. Die westliche Zivilisation ist eine Zivilisation des Dialogs. Sie besteht seit Jahrhunderten in einer immerwährenden Gegenüberstellung von Ideen und einem ewigen Bemühen wechselseitigen Verstehens. Wer nicht zu dialogisieren versteht, gerät in Gefahr, gegen seinen Willen die Beute des Fanatismus zu werden. Den Dialog zerstören, das bedeutet nicht nur den anderen niederschlagen; das heißt ebenso sich selbst zerstören.

Paul Emile Léger *geboren 1904*

Nur wer noch halb im Gestern lebt, empfindet den Glauben als Bedrückung, als Gefahr. Nur wer noch halb im Gestern lebt, muß ihm die Zukunft streitig machen. Wer das Gestern abstreift und sich dem nackten Heute ausgesetzt findet, entdeckt, daß die Welt das Heilige braucht. Seine dunklen Nächte fragen nach Gott. Und er weiß, daß der Glaube Zukunft hat. Nicht die Zukunft der Funktionäre und des . . . Managements, sondern die Zukunft Gottes.

Josef Ratzinger *geboren 1927*

Der Mensch kann nicht erfahren, was Tiefe ist, ohne stille zu stehen und sich auf sich selbst zu besinnen. Nur wenn er sich nicht mehr ausschließlich um das Nächste sorgt, kann er die Fülle des Augenblicks hier und jetzt erleben, des Augenblicks, in dem die Frage nach dem Sinn seines Lebens in ihm erwacht. Solange die Sorge um das Vorläufige und Vergängliche nicht zurücktritt, kann die Sorge um das Ewige nicht Besitz von ihm ergreifen.

Paul Tillich *1886–1965*

Wir neigen dazu, in uns selbst verliebt zu sein. Es ist leichter, Fehler an anderen als an sich zu sehen. Infolgedessen ist das Bild, das wir von uns haben, gewöhnlich so vorteilhaft und entspricht nicht ganz der Wirklichkeit. Schon unsere Freunde sehen uns kritischer. Doch auch sie können sich täuschen. Gott allein sieht uns, wie wir wirklich sind, und je mehr wir uns an ihn anschließen, desto besser erkennen wir uns selbst.

James Keller *geboren 1900*

Es ist meine Überzeugung, daß der Mensch ohne Religion nicht leben kann, daß er ohne Religion sich ganz sicher zerstören wird. Denn um die unermeßlichen Aufgaben, die er sich bereitet hat, auch nur halbwegs zu lösen, tut ein Sich-Vertragen not ... Ein Sich-Vertragen gibt es nicht ohne Treu und Glauben, Treu und Glauben gibt es nicht ohne Glauben, gleichgültig, wie er sich artikuliert. Nur, es muß Glaube sein, nicht Aberglaube.

Golo Mann *geboren 1909*

Ohne Christus, den Eckstein, kann kein tragfähiges Fundament gelegt werden für den Ausbau des menschlichen Gemeinschaftslebens, für das Familienleben, für das Wirtschaftsleben, für das soziale Leben, für das Leben der menschlichen Gesellschaft überhaupt. Ohne Christus, den Eckstein, werden auch die Völker das Fundament nicht finden, um den Friedensbau zu errichten, in dem sie lange in Ruhe und Ordnung leben konnten. Nicht an Christus, sondern ohne Christus sterben die Völker.

Joseph Wendel *1901–1960*

Nicht über die Vernunft, sondern über das Gebet führt der Weg. Das Gebet öffnet den Zugang zum Weltengeist. Eine eingeborene Neigung zieht den Menschen zum Urgrund aller Dinge. Darum hat er immer gebetet und betet heute noch, auf mancherlei Art . . . Das menschliche Leben erhält seinen vollen Sinn erst durch die Herstellung dieser übersinnlichen Verbindung zum Urgeist, der um jeden von uns weiß und uns helfen kann.

Alexis Carrel *1873–1944*

23. Dezember

Die Weihnacht einer in ihrer Art schönen bürgerlichen Zeit ist nicht mehr. Heißere Fragen werden an den Erlöser der Welt gestellt, als je in weihnachtsseligen Wochen früherer Jahre laut geworden sind. Um so tiefer und inniger ist darum das Weihnachtserlebnis jener, die dennoch den Glauben der Kindheit bewahrt haben. Je purpurner die Finsternis, um so klarer leuchten in ihr die ewigen Sterne.

Friedrich Muckermann *1883–1946*

Das Kind in der Krippe ist kein romantischer Weihnachtszauber, sondern der ernste Anfang eines neuen Lebens, das den Suchenden durch das Dunkel des Glaubens der seligen Gottesschau im ewigen Licht immer näher führt ... Das Licht, welches der menschgewordene Gott im Glauben entzündet, wächst zur Flamme empor, wenn dieser dem Herrn nicht nur in Bethlehem, sondern auch nach Nazareth und Jerusalem folgt. An der Ausstrahlung des inneren Gotteslichtes soll man die Christen erkennen.

Edith Stein *1891–1942*

Wir müssen wieder Sinn und Verständnis gewinnen für das Große, das an Weihnachten geschah. Mit diesem Kind »in Windeln eingewickelt und in der Krippe liegend« hat tatsächlich die Zeitenwende begonnen. Wenn uns heute der Vorwurf gemacht wird, daß sich doch nichts seitdem geändert habe, daß Sünde und Tod, Not und Elend, Krieg und Hunger geblieben seien, an Ihm liegt es nicht, an uns liegt es. Wenn diese Kinderhände machtvoll Sonne, Mond und Sterne bewegen, um wieviel mehr umschließen sie unsere Geschicke, wenn wir nur Ihm unsere Herzen öffnen.

Rudolf Graber *geboren 1903*

Es ist unmöglich, Weltgeschichte zu schreiben und das Christusereignis zu übergehen. Man kann sein größter Gegner sein. Man kann sagen, daß es kein größeres Unglück für die Welt gab als dieses Ereignis – eines kann man nicht: so tun, als ob es nicht wirklich geschehen sei. In demselben Augenblick würde die Wirklichkeit, die er sieht und beschreibt, aufhören, wirklich zu sein und ein Phantom werden. Die Wirkung des Christusereignisses aber ist massivste Realität, sie ist Weltschicksal geworden.

Paul Schütz *geboren 1891*

Die christliche Zeitrechnung zählt die Jahre von der Geburt Christi ab und zerlegt die Weltgeschichte in einen vorchristlichen und einen nachchristlichen Abschnitt. Wir bekennen Christus als Mittelpunkt der Weltgeschichte, als Schlußstein der vorchristlichen und als Grundstein der nachchristlichen Zeit, so oft wir einem Brief ein Jahresdatum geben. Vater der Zukunft – Ausgangspunkt einer neuen Zeit!

Michael von Faulhaber *1869–1952*

Die Zeit ist nicht der äußere Rahmen, innerhalb dessen sich unser Leben abspielt. Sie ist eine innere Bestimmung, in der und durch die wir zu uns selbst kommen, uns selbst finden sollen . . . Wir sind auf die Zeit angewiesen, um unsere Anlagen zu entwickeln und unsere Fähigkeiten zu entfalten, wir brauchen die Zeit, um unsere Sache zu tun, unser Werk zu leisten, unsere Ziele zu erreichen. Wir brauchen die Zeit, denn wir sollen darin wachsen und reifen. Durch die Zeit und mit der Zeit sollen wir werden, was wir sind: Menschen, die ihrer Bestimmung gerecht werden.

Heinrich Fries *geboren 1911*

Wenn man zurückblickt, erscheint alles leichter, als es in Wirklichkeit war. Es liegt nun einmal im Wesen des Menschen: Was er hatte und was er nicht hat, kommt ihm stets besser vor als das, was er wirklich hat – eine Weisheit, die so banal ist, daß man sie gar nicht mehr auszusprechen wagt.

Horst Wolfram Geißler *geboren 1893*

Die Zeit arbeitet für uns alle, wenn wir sie gewähren lassen bei ihrem Werk des Ausgleichs und der Aufhebung von Gegensätzen zu höherer Einheit und wenn wir sie, der einzelne und die Völker, erfüllen mit der Arbeit an uns selbst. Die Zeit ist ein kostbares Geschenk, uns gegeben, damit wir in ihr klüger, besser, reifer, vollkommener werden.

Thomas Mann *1875–1955*

Über dem Zeit- und Gestaltwandel der Geschichte, doch immer auch in ihm, waltet der Unwandelbare, der Ewige, der, von dem die Geschichte kommt und dessen Sache in ihr entschieden wird. Er allein ist in ewiger Lebendigkeit die ewige Sabbatruhe über allem Getriebe der hastigen, ruhelosen Zeit. Alles, was von der Gegenwart in die Vergangenheit sinkt, aus Gegenwart in Zukunft sich gebiert, an ihm geht es vorüber, und alle Zeit geht durch seine Gegenwart hindurch. In dem gegenwärtigen Ewigen ist der zeitlose Mensch geborgen, komme, was wolle. Da gewinnt der Mensch seinen Stand in der Welt – im Angesicht und in der Gegenwart des Ewigen.

Theodor Steinbüchel *1888–1949*

Folgende Verlage gaben die freundliche Genehmigung zum Abdruck aus Ihren Verlagswerken:

»Die Arche« Verlags AG, Peter Schifferli, Zürich
Henri Bergson, Das Lachen, ein Essay über die Bedeutung des Komischen, erschienen 1972

Ars sacra Verlag, München
Hermann Gilhaus, Inmitten der City
Jean Daniélou, Die Zukunft der Religion
Joseph Folliet, Glücklicher Abend

Bechtle Verlag, Esslingen
Wernher von Braun anekdotisch, gesammelt von Bob Ward

C. H. Beck Verlag, München
Albert Schweizer, Selbstzeugnisse
Menschenbild und Lebensführung, Elf Essays

Bruckmann Verlag, München
Wilhelm Hauenstein, Licht unter dem Horizont

Butzon & Bercker Verlag, Kevelaer
Paul Bolkovac, Glauben wozu?

Claasen Verlag, Hamburg
Cesare Pavese, Handwerk des Lebens

Kurt Desch Verlag, München
Maurice Chevalier, Mein glückliches Leben, 1972

Maximilian Dietrich Verlag, Memmingen
Zenta Maurina, Um des Menschen willen
Arthur Maximilian Miller, Das Haus meiner Kindheit

Deutsche Verlagsanstalt, Stuttgart
Heinrich Brüning, Memoiren 1918–1934
André Gide, Aus den Tagebüchern 1899–1939

Ehrenwirth Verlag, München
Gertrud von le Fort, Aphorismen 1962
Horst Wolfram Geißler, Grillenkonzert

Estate of Albert Einstein, New York
Albert Einstein, Aus meinen späteren Jahren

Evangelisches Verlagswerk, Stuttgart
Hans Schomerus, Der unbekannte Christ
Wilhelm Stählin, Die Mitte aus dem Heiligen Geist
Wilhelm Stählin, Die Urordnung des Lebens
Paul Tillich, In der Tiefe ist die Wahrheit, 4. Aufl. 1964
Paul Tillich, Die verlorene Dimension, Gesammelte Werke Band V 1964

S. Fischer Verlag, Frankfurt
Arthur Schnitzler, Gesammelte Werke, Band V
Thornton Wilder, An die Jugend

Furche Verlag, Hamburg
Harvey Cox, Abschied vom bürgerlichen Leben
Karl Heinen, Die Gottesstunde, Lesepredigten
Adolf Köberle, Karl Heim – Denker und Verkündiger aus evangelischem Glauben
Paul Schütz, Gesammelte Werke, Band IV
Paul Schütz, Warum ich noch Christ bin

Gütersloher Verlagshaus Gerd Mohn, Gütersloh
Roger Schutz, Die Gewalt der Friedfertigen

Josef Habbel Verlag, Regensburg
Dietrich von Hildebrand, Das trojanische Pferd in der Stadt Gottes
Dietrich von Hildebrand, Der verwüstete Weinberg

Hegner Verlag, Köln
Robert Grosche, Kölner Tagebuch 1944–46

Herder Verlag, Freiburg i. Br.
Marcel Légaut, Meine Erfahrungen mit dem Menschen
Jean Francois Six, Beten in der Nacht des Glaubens
Hugo Rahner, Abendland
Hans Gödan, Die Ehe in der Zerreißprobe

S. Hirzel Verlag, Stuttgart
Max Planck, Vorträge und Abhandlungen

Hoffmann und Campe Verlag, Hamburg
Max Tau, Das Land, das ich verlassen mußte
Max Tau, Auf dem Weg zur Versöhnung

Christian Kaiser Verlag, München
Dietrich Bonhoeffer, Widerstand und Ergebung, Neuausgabe 1970

Knecht Verlag, Frankfurt
J. B. Lotz, Von der Einsamkeit des Menschen

Kösel Verlag, München
Eugen Biser, Der Helfer
Joseph Ratzinger, Kleine Schriften zur Theologie

Kreuz Verlag, Stuttgart
Margret Mead, Hoffnung und Überleben der Menschheit

Librairie Arthéme Fayard, Paris
Paul Henri Spaak, Memoiren eines Europäers

Morus Verlag, Berlin
Erich Klausener, Terminkalender
Alfred Bengsch, In Erwartung der Wiederkunft

Verlag Ullstein GmbH, Frankfurt/M. – Berlin
Gerhart Hauptmann, Gesammelte Werke, Band VI
Ferdinand Hoff, Erlebnis und Besinnung

Pustet Verlag, Regensburg
Emanuel Heufelder, Weite des Herzens

Quell Verlag, Stuttgart
Helmut Thielicke, Ich glaube – das Bekenntnis der Christen 1962

Rex Verlag, München
Joseph Vital Kopp, Aphorismen
Fulton J. Sheen, Der Christ, die Liebe und das Glück

Schwaben Verlag, Stuttgart
Georg Moser, Der Jahre Gewinn

Suhrkamp Verlag, Frankfurt
Rudolf Alexander Schröder, Gesammelte Werke, Band I u. III

Styria Verlag, Graz
Franz Kardinal König, Der Aufbruch zum Geist

Walter Verlag, Olten
Walter Nigg, Was bleiben soll
Pierre Teilhard de Chardin, Der göttliche Bereich
Andrew Greely, Eine Zukunft, auf die man hoffen kann

Winfried Werk, Augsburg
Otto Hermann Pesch, Das Gebet
Heinrich Klomps, Tugenden des modernen Menschen